スクール・ガーデニング&フィーディング

《学校の栽培・飼育活動》

――鉢植え・メダカの世話からビオトープまで――

町田槌男編著

●黎明書房●

学校の春 GARDENING

寒風に咲くハクモクレン

春を呼ぶ木の花 ウメ

春の花壇の王 チューリップ

ヒゴスミレ

春を呼ぶ花 フクジュソウ

学校の夏 GARDENING

一人一鉢にツルナシアサガオ

つゆに咲く アジサイ

夏の王者 ヒマワリ

夏から秋をいろどる サルビア

水面の花 スイレン

学校の秋 GARDENING

赤く熟したザクロ

黄に熟すミカン

秋の女王 コスモス

日本の花 キク

木の下にひっそりと咲くヤブラン

学校の冬 GARDENING

春を呼ぶ ツバキ

鉢植えの女王 シクラメン

教室の窓側には

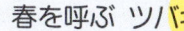
冬をいろどる ツワブキ

半分の花？ ユキノシタ

学校の生きもの

FEEDING

◆アヒル

◆タイワンリス

◆簡単な飼育舎

◆鉢植えのコマツナでモンシロチョウの飼育

FEEDING
エノキで飼うオオムラサキ
（日本の国蝶）

幼虫

鉢植えのエノキで

成虫

BIOTOPE
ビオトープの池では

初夏の池

春先の池

は●じ◆め▶に

　子どもたちをとりまく，家庭や地域社会の生活環境の変化は，大都市ばかりでなく，比較的に野原や山の多い地方でも，動植物を飼育する機会を少なくしています。

　悲しいことですが，トンボやチョウチョ，スズムシやコオロギを捕まえたこともない子どもたちが増加しています。同様に指導者の先生やお父さん，お母さんさえも，ネコやイヌさえ飼ったことがないという方もいます。

　この本では，子どものときに生きものとの触れ合いに恵まれなかった，若い先生やご両親のことを考え，できるだけわかりやすいようにイラストや写真を多くしました。

　また，目次も工夫し，具体的に飼育や栽培の方法を，一つひとつの生きものごとに分けて理解してもらうようにしました。まず，飼育や栽培のために準備するものから始まり，細かい観察の仕方などの注意事項など，基礎的な事柄や基本的な内容を示しました。

　また，この一冊があれば，学校や家庭で，春から夏，秋から冬までの季節の移り変わりごとに，いつ，どんなことをすればよいかわかるように飼育や栽培の方法を系統化しました。

　先生だけでなく高学年の子どもたちが，この本を見ながら活動ができるように，やさしく解説し，難しい言葉にはルビをふりました。

　さらに，まったく関心のない子どもたちに，少しでも生きものへの関心を深めてもらうため，ちょっとした遊びを取り入れたり，おやっと驚くような豆知識的な内容をくわえたりしました。

　今の子どもの教育課題は，『心の教育』といわれています。そのために各学校では，「実践的な体験学習」を幅広くとらえて，『総合学習』や『生活科』の勉強の方法を工夫しています。

　子どもたちが継続して自然の生物を飼育・栽培する活動は，理科学習だけでなく，心の教育や生命の大切さを知る役目を持っています。どうかこの本を活用し，子どもたち一人ひとりが自然と触れ合い，豊かな心を育てる一助にしてください。

編著者　町田槌男

※ガーデニングの土の作り方は，およその分量を体積比で表しています。

も●く●じ

はじめに …………………… 1

スクール・ガーデニング（学校の栽培活動） …………… 5

1. **教室で草花を育てる**
   1. 教室で草花を育てるポイント …………… 6～9
   2. 栽培カレンダー …………… 10・11
   3. 鉢花の育て方……… ●キンセンカ●パンジー …………… 12・13
      ●ゼラニウム●プリムラポリアンサ …………… 14・15
      ●アマリリス●ヒヤシンス …………… 16・17
      ●パキラ●ポトス …………… 18・19
2. **学級園・学年園で野菜を育てる**
   1. 野菜栽培のポイント …………… 20・21
   2. 計画から収穫まで……… ●エダマメ …………… 22・23
      ●ミニトマト●ナス …………… 24・25
3. 一人一鉢栽培……… ●アサガオ●マリーゴールド …………… 26
   ●ニチニチソウ●ホウセンカ●サルビア …………… 27
   ●コギク …………… 28・29
4. プランターで花を育てる……… ●チューリップ●ペチュニア●コスモス …………… 30・31
5. 窓下花だんで草花を育てる……… ●アブラナとクロッカス，
   ●ヒマワリとオシロイバナ …………… 32・33
6. 学習園で作物を育てる……… ●イネ●サツマイモ●ラッカセイ …………… 34・35
7. 病虫害対策のポイント …………… 36・37
8. 学校園（学習園）を作ろう（目的に応じた計画を） …………… 38・39
9. 学校で作りやすい草花 …………… 40・40
10. 学校で栽培しやすい農作物 …………… 42・43
11. 学校に植えておきたい樹木・下草Ⅰ …………… 44・45
12. 学校に植えておきたい樹木・下草Ⅱ …………… 46・47
13. 草木の観察ポイント …………… 48・49
14. 草木あそび …………… 50・51
15. 調べるとおもしろいよ！ 野草の名の由来 …………… 52・53
16. 学校に植えておきたい水生植物 …………… 54・55
17. 楽しい校庭にする工夫 …………… 56・57

スクール・フィーディング（学校の飼育活動）················59

1. **教室で生きものを育てる**
    1. 飼育のポイント I ················60・61
    2. 教室で育てやすい生きもの········●スズムシ················62・63
        - ●カブトムシ················64・65
        - ●ダンゴムシ●アリ················66・67
2. 池や沼の生きものを育てるには········●ゲンゴロウ●ヤゴ················68・69
    - ●メダカ················70・71
    - ●ザリガニ················72・73
    - ●オタマジャクシ················74・75
3. 水生生物を育てるには········●サワガニ●エビ●淡水プランクトン················76・77
4. 小動物を育てるには········●ハムスター················78・79
    - ●リス●マウス················80・81
5. 小鳥を育てるには········●ジュウシマツ················82・83
    - ●ブンチョウ················84・85
6. 飼育舎で育てる生きもの········●飼育舎のつくり················86・87
    - ●ニワトリ················88・89
    - ●モルモット················90・91
    - ●ウサギ················92・93
    - ●アヒル················94・95
7. 小鳥小屋で小鳥を育てる········●小鳥小屋のつくり················96・97
    - ●セキセイインコ················98・99
8. 池のつくりと魚の育て方········●池のつくり，魚の育て方
    ——金魚とフナ，コイ，ナマズ················100・101
9. 飼育のポイント II ················102・103
10. 生きものの観察のポイント················104・105
11. 生きものと遊ぼう················106・107
12. 学校で飼いやすい生きもの················108・109

ビオトープを作ろう ……………………………………………………………… *111*

1. ビオトープを作ろう ……………………………………………………… *112・113*
2. ミニビオトープを作ろう ………………………………………………… *114・115*
3. 屋上を使ったビオトープ ………………………………………………… *116・117*
4. ミニミニビオトープの工夫 ……………………………………………… *118・119*

スクール・ガーデニング

学校の栽培活動

1. 教室で草花を育てる

1．教室で草花を育てるポイント

水やり

水やりのコツは

・表土が乾いてから与えます。

・花に水をかけないようにします。

・花に水をかけると花の寿命が短くなり，病気の原因になります。

・午前中に与えます。春から秋は10時までに，冬は10時～11時の間に与えます。くみ置き水がよいでしょう。

・水のやりすぎに注意します。根が，おぼれてしまいます。

・空気が乾燥しているときには，ハンドスプレーで，葉水（葉にかける水）を与えます。

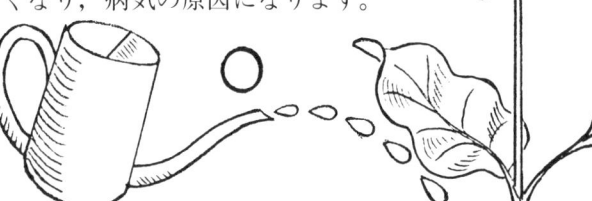

・根毛まで届くように与えます。酸素や養分が水に溶けて吸収されます。

・流れ出した水は捨てます。

留守中の水やりは

● 例1 ●
・プランターの中段の網をはずして栓をします。
・水を入れて鉢を並べます。
・ペットボトルに水をいっぱい入れて，立てます。
・口に穴をあけるか，口とプランターの底の間にすき間を作ります。（右図は，口に穴をあけた場合。）

● 例2 ●
・畑や花だんに鉢ごと埋めておきます。

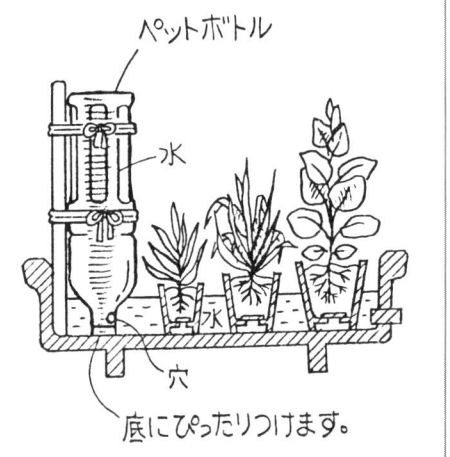

肥料

肥料やりのコツは

- 与えすぎないようにします。
- 薄く溶かした肥料を，1週間に1回というように間かくを決めて与えます。
- 肥料を与えすぎると，「青菜に塩」になって枯れてしまいます。

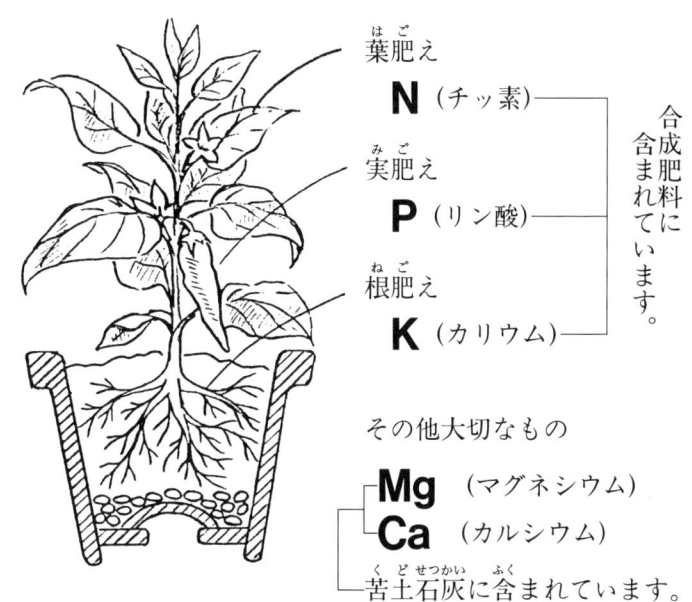

葉肥え
N （チッ素）
実肥え
P （リン酸）
根肥え
K （カリウム）

合成肥料に含まれています。

その他大切なもの
Mg （マグネシウム）
Ca （カルシウム）
苦土石灰に含まれています。

肥料の与え方

●元肥え●

土を作るときに，あらかじめ混ぜ込みます。

- 腐葉土 3
- 赤玉土 6
- バーミキュライト 1
- マグアンプK 用土10ℓあたり 70～80g
- 苦土石灰 用土10ℓあたり 10～20g

十分混合してから鉢やプランターに入れます。

●追肥●

鉢の周囲に沿って与えます。

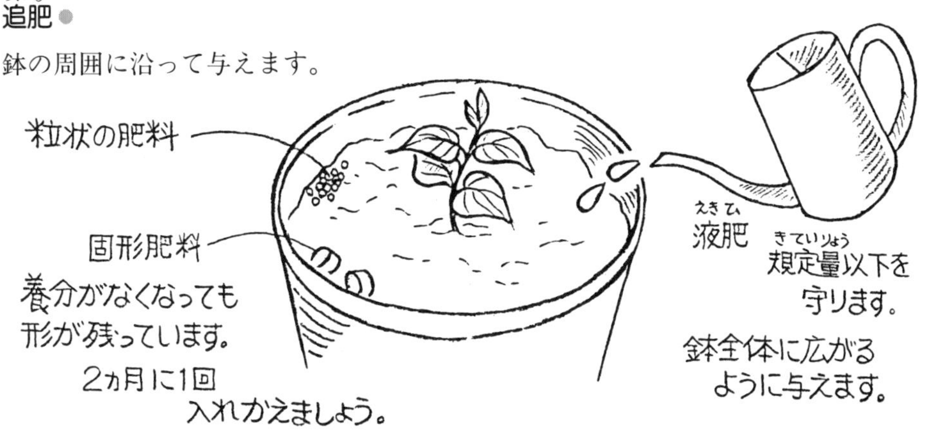

- 粒状の肥料
- 固形肥料：養分がなくなっても形が残っています。2ヵ月に1回入れかえましょう。
- 液肥：規定量以下を守ります。鉢全体に広がるように与えます。

鉢の置き場所

春と秋 ——成長するとき——

- 冬ごしした植物は，春の明るい日ざしの中でぐんぐん成長します。

- 外へ出して，日当たりと風通しがよい所で育てます。

- セントポーリアのように，葉が日焼けを起こす植物は，木の下などの半日陰に置きます。

- 早霜や遅霜には注意します。

冬 ——寒さ対策を——

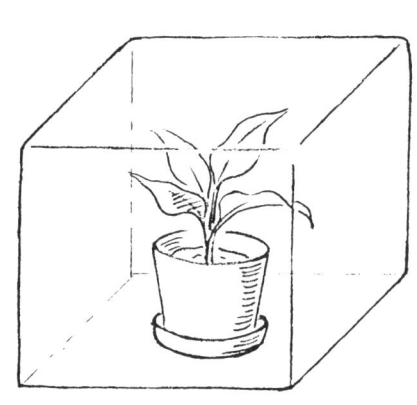

- 窓ぎわの日当たりのよい所に置きます。

- 強い日ざしを嫌うものは，カーテンごしに置きます。

- 加湿器や暖房器の近くは避けます。

- 外気温が0℃以下に下がるときは，部屋の中央近くに移動します。

- ビニールキャップか，ダンボール箱をかぶせると安全です。

スクール・ガーデニング（学校の栽培活動）

夏 ── 植物に合った光線を ──

・木陰などに置いて，午後の強い日ざしを避けます。

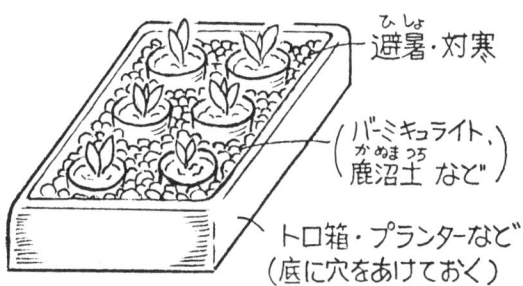

長期休業中 ── 学校管理のとき ──

・水道に近い明るい所に置きます。

・水やりを忘れやすいので，人目につく所に置きます。

・校庭開放指導員や警備員にもお願いしておきます。

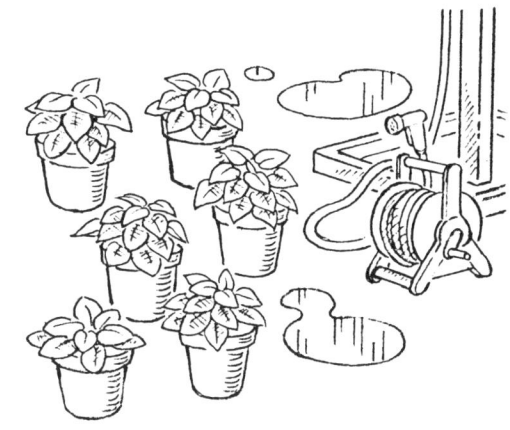

梅雨どき ── 雨と病虫害に注意 ──

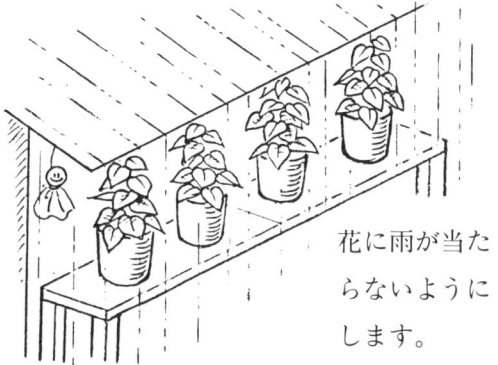

花に雨が当たらないようにします。

・鉢の間かくをあけて風通しをよくします。

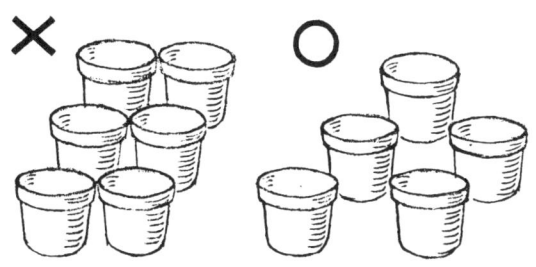

台風が近づいたとき

── 予報を聞いて ──

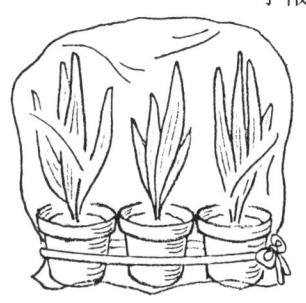

・寒冷紗をかけてしばっておきます。

鉢を3～4個ずつしばって倒しておきます。

2．栽培カレンダー

―120 種類―

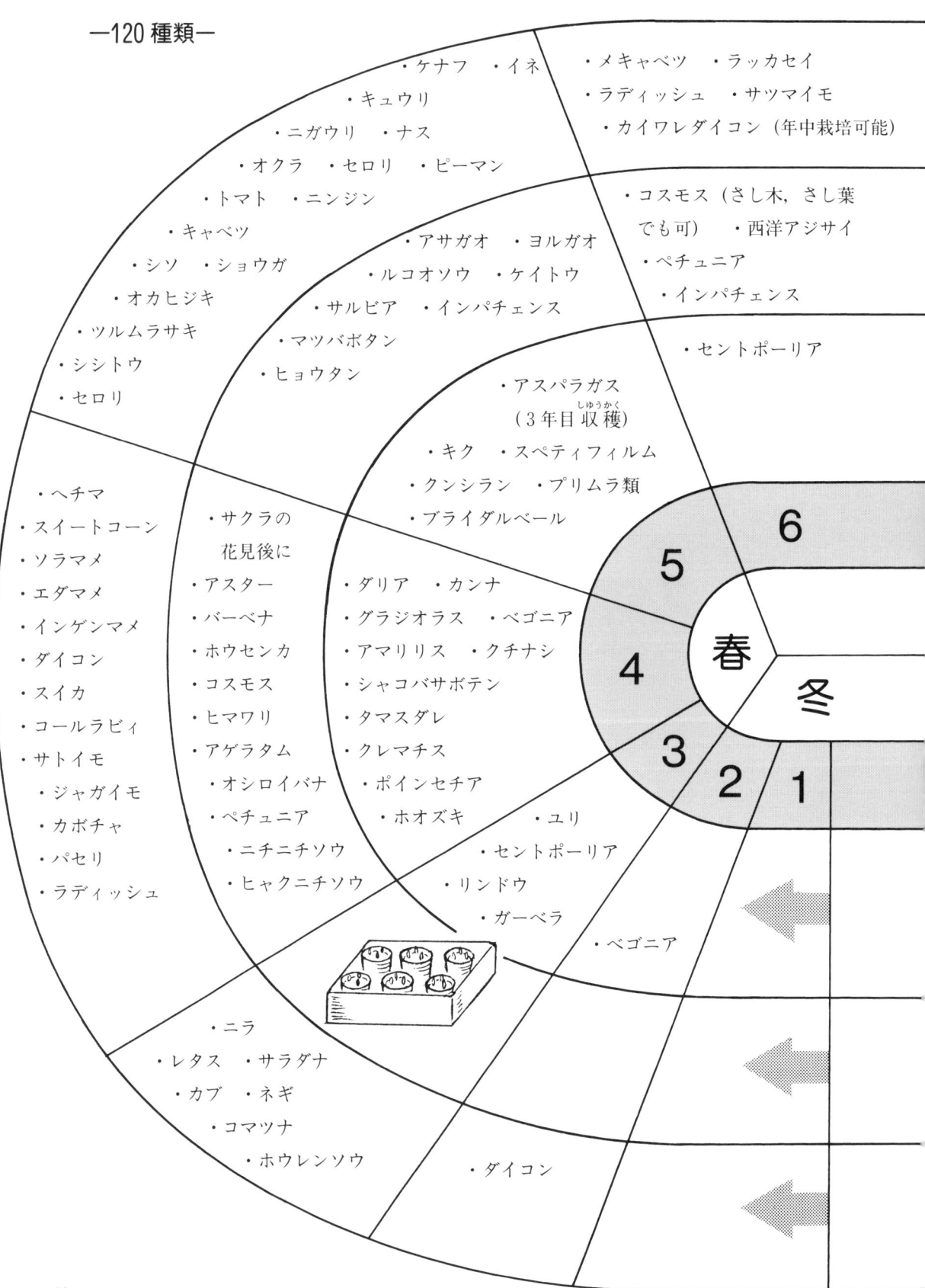

スクール・ガーデニング（学校の栽培活動）

1年中栽培することができる芽もの

○カイワレダイコン
○カラシナ
○芽ジソ
○芽ネギ

・室内で育てます。
・気温15〜17℃，湿度70％でよく育ちます。
・乾燥するときは，ハンドスプレーで水をかけます。

3．鉢花の育て方

キンセンカ（1年草）

ヨーロッパ地中海沿岸地方生まれの1年草。早春の窓辺を飾る明るい花です。花だんでもじょうぶに育ちます。

月	10	11	12	1	2	3	4	5
種まき								
開花								

種まき

5mmぐらい土をかけます。

・土が乾かないように新聞紙をかけます。

・本葉が2〜3枚のとき、ポリポットに植えかえます。

・つぼみが見えたらポリポットから出し、定植します。

日常の世話

・霜がおりる前に教室に入れます。

・咲き終わった花は、摘み取って、株を弱らせないようにします。

・土が乾いたらたっぷり水をやります。

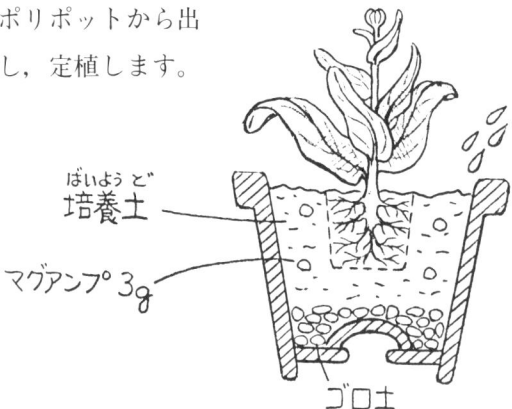

培養土
マグアンプ 3g
ゴロ土

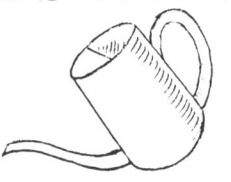

肥料

・マグアンプ3gを月1回与えます。（5号鉢の場合）

秋まき草花―4〜5月開花
ヤグルマギク　スイトピー　ポピー

パンジー(1年草)

中部ヨーロッパ生まれの1年草。秋から6月まで長く咲き続けます。冬の教室を飾ることができます。

種まき

・アリに食べられないように新聞紙をかけます。

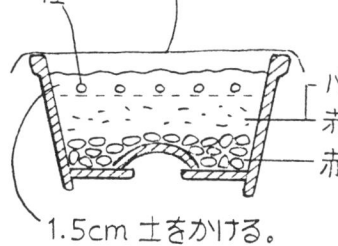

月	9	10	11	12	1	2	3	4	5	6
種まき										
開花										

・日陰の涼(すず)しい所に置きます。

・新聞紙の上から十分水をやります。

・芽が出そろったら新聞紙を取ります。

定植

花だんやプランターにも植えられます。

乾いたら十分水を与えます。

・本葉が2～3枚のときに,ポリポットに植えかえます。

肥料(植えかえたあと)

・マグアンプ3gを月1回与えます。

・次々花を摘むと,長く咲き続けます。

肥料(芽が出たあと)

・ハイポネックス2000倍液(水1ℓに0.5cc)を水がわりに与えます。

冬を彩(いろど)る草花
シクラメン ビオラ(花の小さいパンジー)
ポインセチア

ゼラニウム（多年草）

南アフリカ生まれの簡単にさし木ができる宿根草(しゅっこんそう)。乾燥を好むので鉢花として育てやすく，窓辺の花として人気があります。

日常の世話

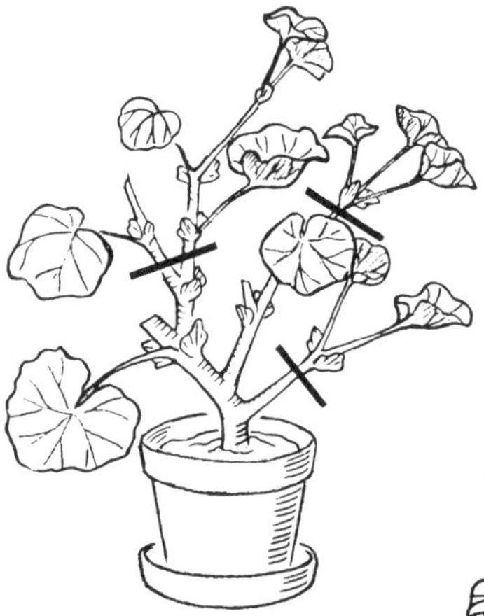

月	4	5	6	7	8	9	10	11	12	1	2	3
切り戻し さし木		■	■	■	■	■						
植えかえ	■											
開花	■	■	■	■	■	■	■					

- 切り戻してから1カ月後にまた咲き始めます。
- 水が多いと花が咲かなくなります。
- 水は，しおれるぐらい乾いてから，たっぷりと与えます。

切り戻し(もど)

- 大きくなりすぎたり，形が悪くなったりしたときには枝を切って短くしましょう。

さし木

- 切り戻した枝でさし穂(ほ)を作ります。

新しい土
マグアンプ 1ℓあたり 3g

培養土

2〜3cm土の中に入るようにします。

- 1カ月で根が出て育ち始めます。

植えかえ

- 1〜2年に1回，枝を切り戻し，根土(ねっち)（根にからまっている土）を半分程にして，新しい土に植えかえます。

プリムラポリアンサ（多年草）

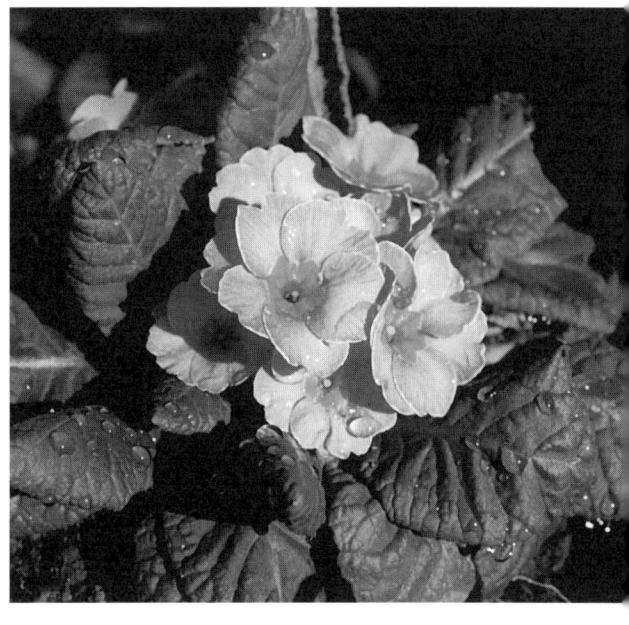

ヨーロッパ生まれの宿根草。花の色数が豊富で，春の窓辺や，花だんを飾る代表です。株分けで，簡単に増やせます。

月	9	10	11	12	1	2	3	4
株分け，植えつけ	■	■						
開　花（室内）					■	■	■	
開花（花だん）							■	■

日常の世話

・株分け（9～10月）

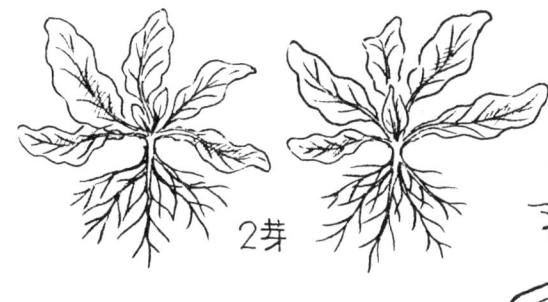

2芽

・2芽ずつ分けて，植木鉢に植えます。

培養土
マグアンプ
1つまみ
下の枯れた葉を
取ります。

・花に水が
かからないように
します。

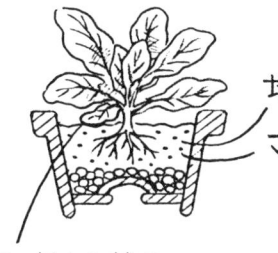

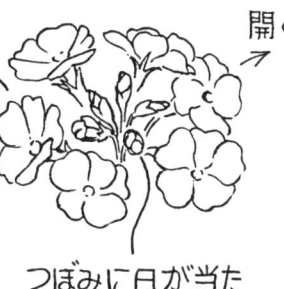

開く
つぼみに日が当た
るように開きます。

夏ごし

（5月～9月）

・株が増えます。

地植え
プランター植え

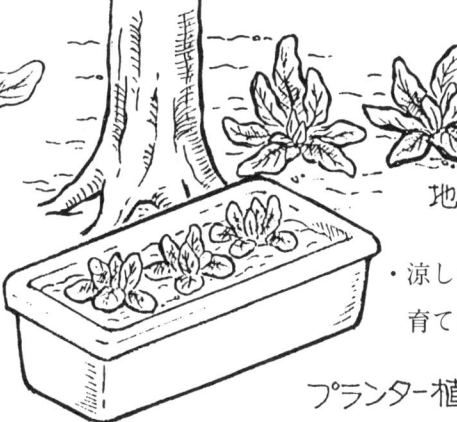

・涼しい所で
育てます。

室内へ

・11月から室内に
入れます。

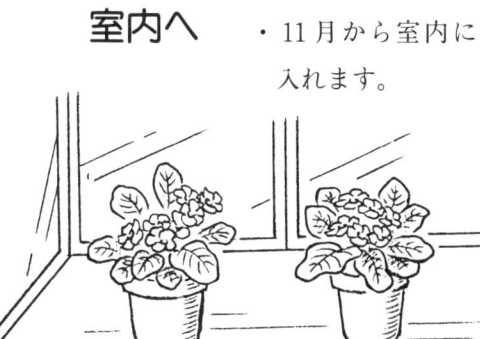

アマリリス（球根）

南アメリカ生まれの球根草。大きく見事に咲きます。純白や，桃(もも)色，橙(だいだい)など色数も多く，花だんに地植えすることもできます。

月	12	1	2	3	4	5	6	7〜11
栽培セット					植えつけ			
開　花								

球根の植え方，育て方

・しっかりした大きい球根を選びます。

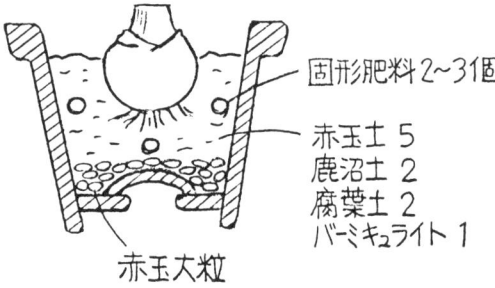

固形肥料 2〜3 1個
赤玉土 5
鹿沼土 2
腐葉土 2
バーミキュライト 1
赤玉大粒

・球根の頭を土の上に出して浅く植えます。

日当たりのよい所

・水が足りないとつぼみが枯れてしまいます。

・市販のセットでも立派に育ち何年も咲きます。

球根の夏ごし

・花が咲き終わったら，花茎(かけい)を切り取り，球根を大きく育てます。

・花だんに植えて，水と肥料を与えると，毎年花が咲きます。

冬ごし

・鉢に植えたまま，水を与えないで冬ごしをして，春に新しい土に植えかえ，花を咲かせることもできます。

鉢栽培ができる球根
チューリップ　スイセン　フリージア

ヒヤシンス（球根の水栽培）

トルコ，イラン，シリアなど，地中海沿岸地方生まれの球根植物。香りが高く，色も美しいので教室で水栽培すると楽しめます。

月	11	12	1	2	3	4
栽培セット	■					
開花					■	

球根の水栽培の仕方

- 球周16cmぐらいの大きい球根を買います。
- つやがよく，固くしまった球根がよい球根です。
- 根元が水につくようにします。
- 根が伸びるまで暗くします。

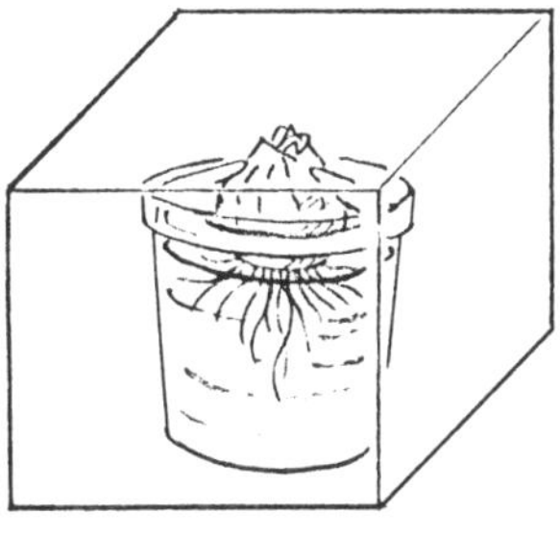

- 根が伸びてきたら，上から1/3くらい水を捨てます。

水かえ

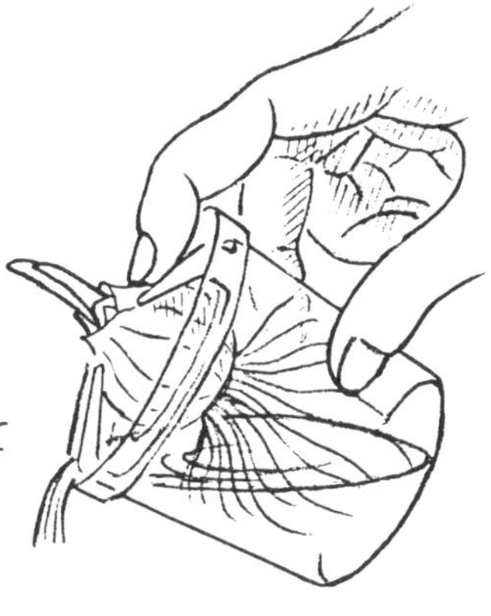

- 球根を押さえてかえます。
- 2週間に1回ぐらいが目安ですが，汚れたらすぐかえましょう。
- 咲き終わった球根は，花だんに植えて肥料をやると，何年も咲きます。

水栽培ができる球根
クロッカス　ムスカリ　コルチカム

パキラ（観葉植物）

メキシコから中南米生まれの観葉植物。葉の形が美しく，大きくも小さくも育てられます。切り戻した新梢でさし木もできます。

月	4	5	6	7	8	9	10	11	12	1	2	3
切り戻し												
さし木												

日常の世話
棚や机の上で小さく育てたいとき

水やりを少な目にします。

肥料もほとんど必要ありません。

切り戻し

- 成長がとても早いので，大きくなりすぎたら枝を切りつめます。
- 切り戻したすぐ下のわき芽が伸びます。

大きく育てたいとき

- 年1～2回大きい鉢に植えかえます。
- マグアンプ5gを2カ月に1回与えます。
- 4～10月は外の半日陰で育てます。

さし木

- 大きい葉はカットします。
- 乾いてからたっぷりと水を与えます。

木になる観葉植物
ベンジャミン　ゴムノキ
ドラセナ　コンシンネ

ポトス（観葉植物）

熱帯アジア生まれのつる性観葉植物。日陰でよく育ち，教室に緑のオアシスを作ります。増やしやすい植物です。

	4	5	6	7	8	9	10	11	12	1	2	3
切り戻し												
さし木												

日常の世話

日焼けを防ぐ

- 日中の直射日光に当たると葉が日焼けを起こします。
- 明るい窓辺と，日が当たらない所に交互に置くと斑がきれいに出ます。

さし木

- 切り戻したつる2〜3節に1枚葉をつけてコップにさします。

- 高温多湿を好みます。
- ハンドスプレーで葉水を与えます。
- 薄い液肥を1カ月に1回与えます。

- 5cmぐらい根が伸びたら2〜3本等間隔に植えます。

培養土
赤玉大粒

切り戻し

- 伸びすぎたつるは切り戻します。

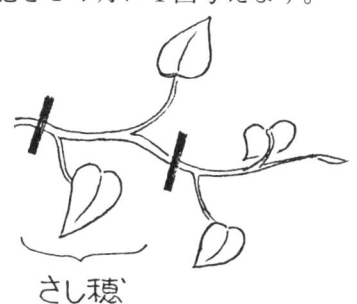

さし穂

つる性観葉植物
オリヅルラン　アイビイ
トラディスカンティア

2. 学級園・学年園で野菜を育てよう

1．野菜栽培のポイント

必要な道具と数

- ハンドスプレー（消毒用）（1）
- シャベル（1～2）
- 移植ゴテ（人数分）
- くわ（1～2）
- 三本ぐわ（1～2）
- 支柱
- じょうろ（1～2）
- バケツ（8ℓ位）（1～2）
- ふるい（1）
- ホース（1）
- ラベル
- ちりとり（1～2）
- ほうき（1～2）
- ビニール袋
- ハサミ（1～2）

土づくり

①苦土石灰をまきます。

1m²あたり 30～50g

種まきの10日前までに

②腐葉土を入れます。

合成肥料も入れます。

③深く，広くたがやします。

酸素が入ります。

30cm

虫を取ります。

スクール・ガーデニング（学校の栽培活動）

種まきの仕方

①小さい種のとき

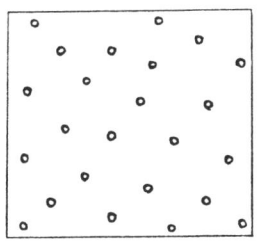

（ばらまき）
・土をたいらにして種が一ヵ所に集まらないようにします。
・吸水させてからまきます。

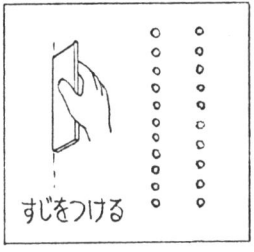

（すじまき）
・浅くすじをつけてまきます。
・よく吸水させてからまきます。

・土は2〜3mmの厚さにかけます。

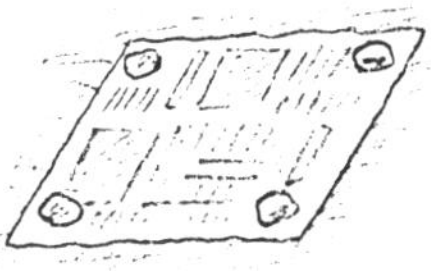

・新聞紙をかけます。

②大きい種のとき

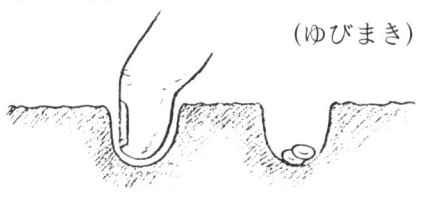

（ゆびまき）

・人さし指であけた穴に、1晩水につけて、沈んだ種をまきます。

③尾や毛がはえている種

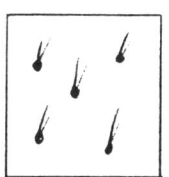

・自分で土の中にもぐり込むので、水をかけるだけにします。

苗の植え方

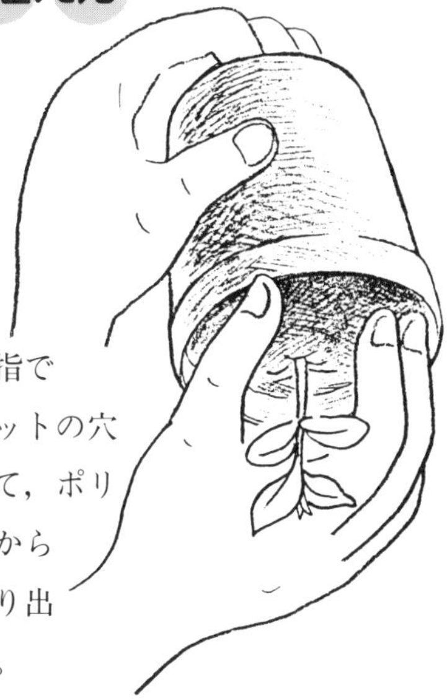

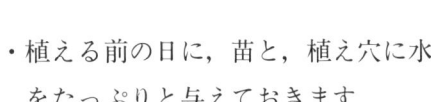

・人さし指でポリポットの穴を押して、ポリポットから苗を取り出します。

・植える前の日に、苗と、植え穴に水をたっぷりと与えておきます。

・苗は、倒れないくらいに浅く植えます。
・大きく育つものには、支柱を立てます。

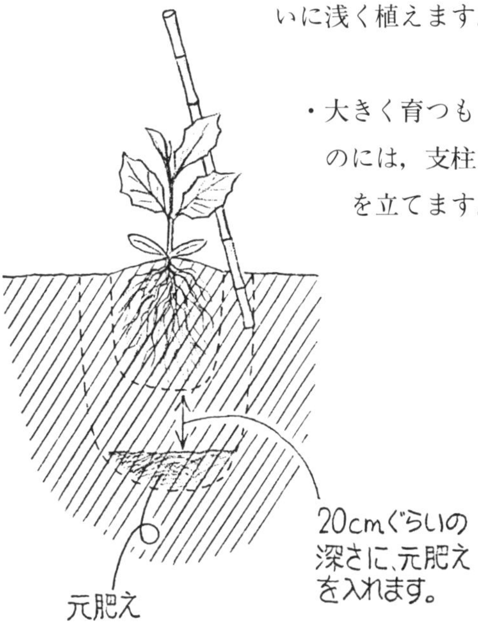

元肥え

20cmぐらいの深さに、元肥えを入れます。

2．計画から収穫まで

1．みんなで決めよう

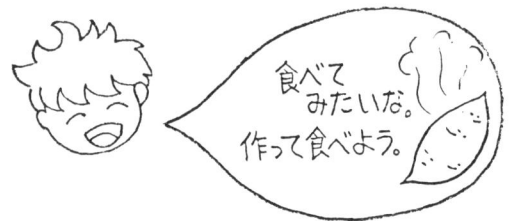

「食べてみたいな。作って食べよう。」

2．グループを作ろう

「ナスグループになったね。いっしょに作ろう。」

3．育て方を調べよう

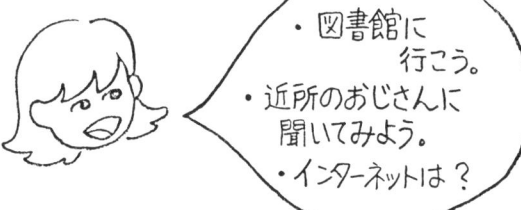

- 図書館に行こう。
- 近所のおじさんに聞いてみよう。
- インターネットは？

4．種を買おう

5．学級園をたがやそう

「腐葉土も入れよう。石灰をまくと、いい。深くたがやそう。」

6．種まきをしよう

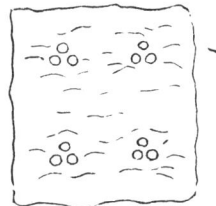

「マメだから3粒ずつまこうかな。間もあけよう。」

7．間引きをしよう

「ぬいた苗は、ほかの所に植えよう。」

8．苗から育てることもできるよ

「種から育てるのは、難しいから苗を買ってきたよ。」

9．水やりをしよう

「あしたの水やりは、○○さんと□さんです。よろしくおねがいします。バトンタッチ!!」

10．虫を取ったり、肥料をやったりしよう

11．収穫し、野菜パーティをしよう

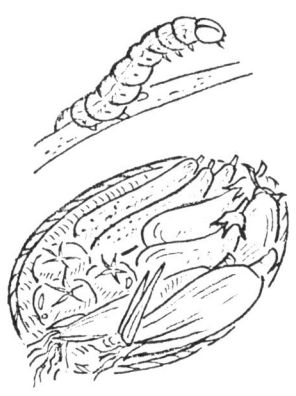

エダマメ

東アジア生まれのマメ科植物。弥生（やよい）時代初期に中国から伝わったといわれています。大豆（だいず）を未熟（みじゅく）なうちに収穫したものです。

月	4	5	6	7	8
種まき		▨			
植えつけ		▨			
収　穫				▨	▨

種まき

- 種を水につけて，沈んだ種をまきます。
- 2〜3粒ずつまいて，2cmぐらい土をかけます。

間引き

- 4〜5日で芽が出ます。
- ふた葉がそろっているものを残します。
- 15cm間かくにします。

鳥害

- 本葉が見えるまで被（おお）いをします。

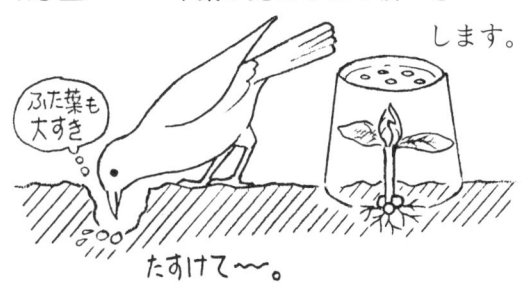

たすけて〜。

ふた葉も大すき

摘芯（てきしん）

- 本葉5〜6枚を残して芯（成長点）を摘（つ）みます。

肥料

- ほとんどいりません。
- 根粒菌（こんりゅうきん）がついて，チッ素を自給します。
- 本葉が2〜3枚のころ，油かすを1株1にぎり与えると，たくさん実がつきます。

収穫

- さやが膨（ふく）らんだものから収穫できます。

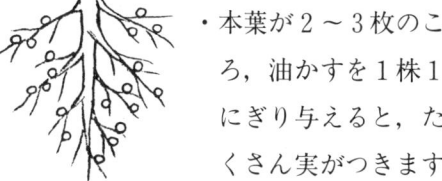

育てやすい野菜
インゲンマメ　ソラマメ

ミニトマト

ペルー生まれのトマトの改良種。次々と実がなるので，楽しく育てられます。苗から育てる方が簡単なようです。

月	4	5	6	7	8	9	10
種まき		■					
植えつけ			■				
収 穫							
苗 植えつけ		■					
苗 収 穫				■	■	■	

種まき

12cm

- 4〜5粒まきます。
- 5mmぐらい土をかけ水をやります。
- 穴をあけたビニールをかけて保温します。

- 2本残して間引き，薄い液肥を与えます。

- 20cmぐらいになったら畑に植えます。

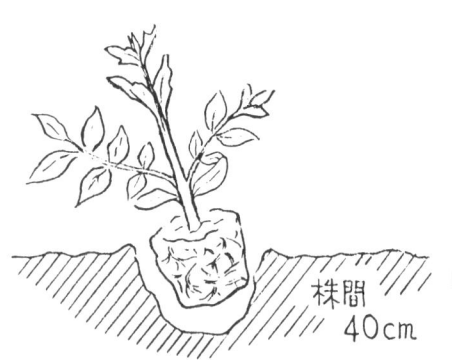
株間 40cm

日常の世話　芽かき

- わき芽が小さいうちに摘み取って主枝を伸ばします。

わき芽／主枝

追肥

- マグアンプを半月に1回，1にぎり与えます。

水やり

支柱を立てます。

- 乾燥が好きなので少なめにします。

> 春まき野菜　キュウリ　ピーマン　コーン
> 秋まき野菜　エンドウマメ　ソラマメ

ナス

インド生まれといわれています。世話をよくすると，花が全部実になります。枝を3本伸ばすと，たくさん収穫できます。

月	5	6	7	8	9	10
苗植え						
収　穫						

苗の植え方

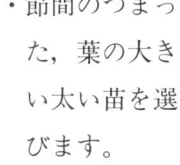

腐葉土、マグアンプ1にぎり

- 節間のつまった，葉の大きい太い苗を選びます。
- 日当たりのよい所をよくたがやします。
- 連作をさけます。
- 雨の前日に植えます。苗と植え穴に十分水を与えておきます。

日常の世話

水やり

- 水が少ないと，害虫にやられたり，実がつかなくなります。たっぷりやりましょう。

追肥

- マグアンプを1カ月に1回与えます。

収穫

- 初めての実は早く収穫します。
- 大きくなりすぎないうちに，次々と収穫すると，木が疲れません。

三本支立ての仕方

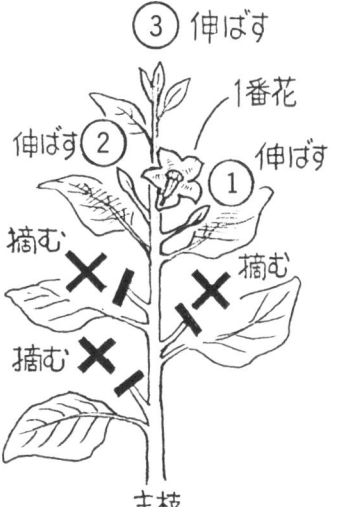

- 1番花の下のわき芽を2本だけ残します。
- 他のわき芽は，全部摘み取ります。
- 支柱を立てます。
- 害虫としてはニジュウヤホシテントウムシに注意します。

育てやすい野菜
シシトウ　トウガラシ　オクラ

3. 一人一鉢栽培

土づくりから片づけまで，植物の一生にかかわってみよう

アサガオ（1年生）

- 1粒の種から1000粒ぐらいの種ができます。

- 一粒の種から300ぐらいの花が咲きます。

マリーゴールド（2年生）

- 5月中旬に種まきをします。

4〜5粒

- 十分水をやります。

- 芽がでるまで新聞紙をかけて，その上から水やりをします。

たくさん咲かせるコツ

①よい土（培養土P7）を作ります。

②月に3回くらい，ハイポネックス1000倍液を与えます。

③摘芯をします。

- 本葉が7〜8枚になったときに，下から5枚残して上を摘みます。

- つるを4〜5本伸ばすと花がたくさん咲きます。

- 花がら（咲き終わった花）をまめに摘みます。

- 本葉が2〜3枚になったら1本だけ残して，他は花だんに植えます。

たくさん咲かせるコツ

①一番花を摘みとります。（摘芯）

②月3回くらい，ハイポネックス1000倍液を与えます。

③花がらをまめに摘みます。

④オルトラン(殺虫剤)を小さじ1まきます。

スクール・ガーデニング（学校の栽培活動）

ニチニチソウ（3年生）

・白，ピンク，朱色など，清潔感のある花が7〜9月まで次々に咲きます。

・咲き終わった花は，自然に落ちるので手間がかかりません。

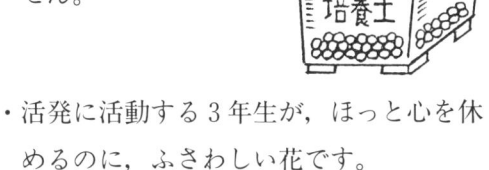

・活発に活動する3年生が，ほっと心を休めるのに，ふさわしい花です。

じょうぶに育てるコツ

①立ち枯れ病になることがあるので，新しく作った土（培養土）に植えます。

②乾燥が好きです。表面の土が乾いてから水やりをします。

③種のまき方や育て方は，マリーゴールドと同じです。

ホウセンカ（3年生）

・育て方はニチニチソウと同じです。

・水やりをすること。密植しなければじょうぶです。

サルビア（4年生）

・5月中旬に種をまきます。

・十分水をかけて，新聞紙をかけます。

・芽が出るまで新聞の上から水やりをします。

発芽のコツ

・種が触れ合うくらい集めてまきます。

・こまかい土を1cmくらいかけます。

・乾燥しないように水やりをします。

たくさん咲かせるコツ

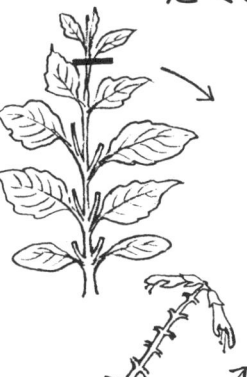

・摘芯をします。

・液肥を月2回与えます。

・咲き終わった枝は摘み取ります。

コギク（5・6年生）

日本の秋を飾る代表的な花です。色も豊富で、香りも豊かです。秋の展覧会や学芸会、音楽会等を、自分たちの手で育てたコギクで飾り、卒業の思い出にしましょう。

1. 土づくり

赤玉小粒　4 ┐
腐葉土　　3 │
鹿沼土　　2 ├培養土
バーミキュライト　1 │
マグアンプ　1鉢あたり5g ┘

赤玉大粒

- 鉢は、7号（径21cm）の素焼鉢を使うとよく育ちます。

2. さし穂つくり

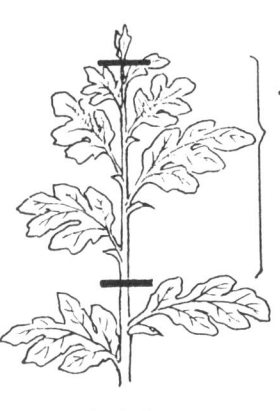

- 5月中旬頃、新芽を切り取ります。
- 30分くらい発根剤を入れた水につけます。
- 大きい葉は半分にする
- カット
- 発根剤

3. 芽さし

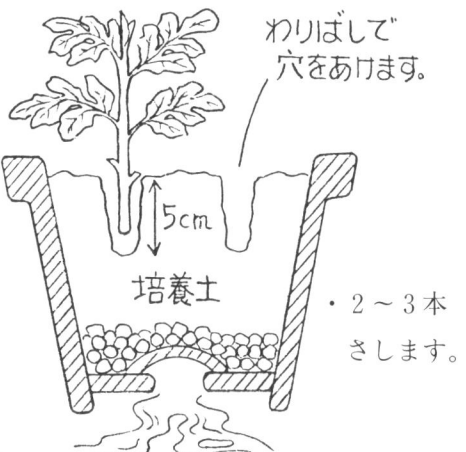

- わりばしで穴をあけます。
- 5cm
- 培養土
- 2～3本さします。
- 底から水が出るまで、水をやります。
- 校舎の裏など、日陰の涼しい所に置きます。
- 強い風や西日を避けて、毎日水やりをします。

スクール・ガーデニング（学校の栽培活動）

4．日なたに出す

・2週間くらいで新芽が見えてきます。

・1鉢1本にします。

5．摘芯

新しい芽

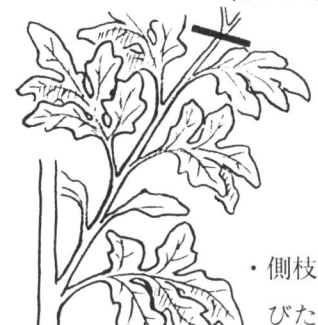

・主枝と葉の間から新しい芽が伸びます。（側枝）

主枝

・側枝に葉が4〜5枚伸びたら新しい芽を摘みます。

摘芯の時期

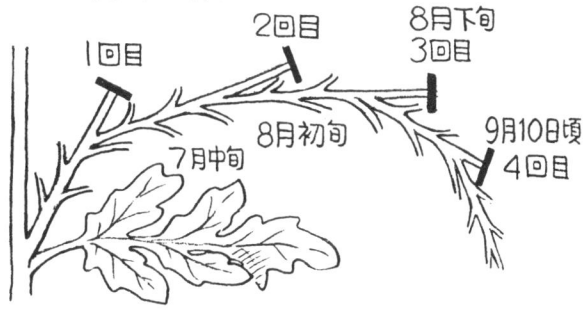

1回目 7月中旬
2回目 8月初旬
3回目 8月下旬
4回目 9月10日頃

・開花させたい日の50日前に最後の摘芯をします。

6．たくさん咲かせるコツ

・枝の先に花が咲きます。

・摘芯して枝数を増やしましょう。

・朝,夕水やりをします。

7．肥料

・キクは肥料食いです。

・ハイポネックス2000倍液を週1回水がわりに与えます。

月1回 マグアンプ 3g

・9月に入ったら肥料を止めます。

花いっぱい運動

・地域の公共施設や日頃お世話になっている方へ届けます。

花まつり

・育てた花を飾ります。
・よくがんばった友だちをほめてあげましょう。
・花に「ありがとう」をいいます。

4. プランターで花を育てる（木箱，トロ箱，吊り鉢）

畑がなくても花を楽しもう。

プランター栽培のときには……

①使いやすい大きさは，およそ……

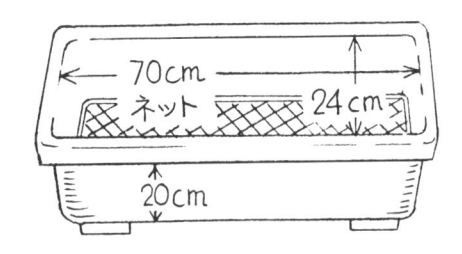

（70cm／ネット／24cm／20cm）

②よい土を作って入れます。

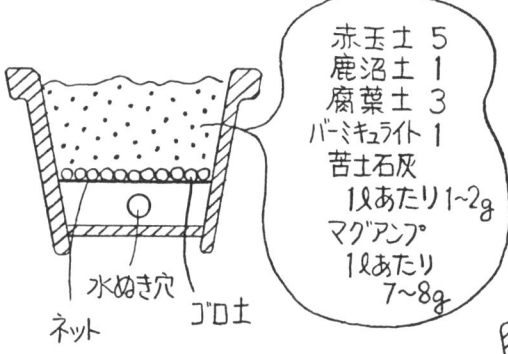

赤玉土　5
鹿沼土　1
腐葉土　3
バーミキュライト　1
苦土石灰
　1ℓあたり1〜2g
マグアンプ
　1ℓあたり
　　7〜8g

水ぬき穴　ネット　ゴロ土

・十分混合してから鉢に入れます。
・通気性がよい ⎫
・水はけがよい ⎬ よい土
・保水性がある ⎭

③水やりや施肥を定期的に行います。

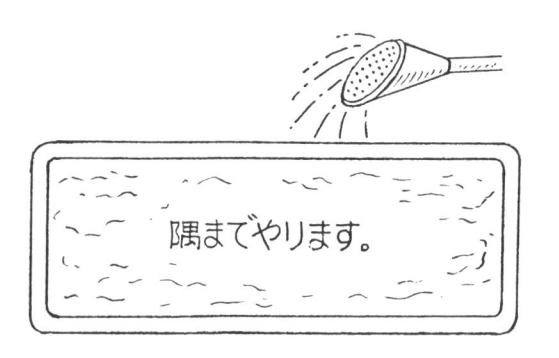

隅までやります。

チューリップを咲かせる（春）

・大きい球根を選びます。

・大きい球根は，大きい花を咲かせます。

・密に植えます。

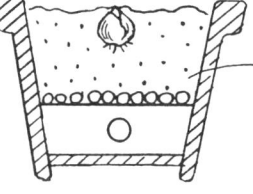

1個分だけあけます。

培養土

・芽がかくれるぐらい土をかけます。

・芽も葉もないときは，水は少なめにし，芽が伸びてきたら，忘れないで与えます。

・咲き終わった花を摘み，球根を大きくします。

・葉が黄色くなったら球根を掘り上げ，また秋に植えます。

スクール・ガーデニング（学校の栽培活動）

ペチュニアを咲かせる
（夏～秋）

- 大輪のグランディフローラ系の苗を，1プランターあたり，4～5株用意します。

- 節間のつまったよい苗を選びます。

- 色の違う株を寄せ植えすることもできます。

- ポリポットからぬいて，浅目に植えます。

- 十分水を与えて，苗をなじませます。

- 肥料切れしないように，月1～2回ハイポネックスなどを追肥します。

- 伸びすぎたときには，切り戻します。

- 雨に当てないようにすると，秋まで次々と咲き続けます。

コスモスを小さく咲かせる
（秋）

- 20～40cmのコスモスをプランターで咲かせよう。

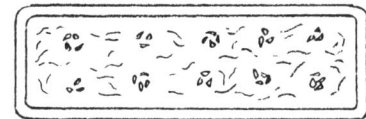

- 9月初めに3～5粒ずつ種をまきます。

- 2～3mm土をかけます。

- 5日ぐらいで芽が出ます。

- 本葉が出たら1カ所1本にします。

- 本葉4～5枚残して摘芯します。

- わき芽がたくさん伸びて花つきがよくなります。

プランター栽培によい花（市販の苗を使います。）

パンジー　ベゴニア　マリーゴールド　ケイトウ　コリウス　メランポジウムなど

5. 窓下花だんで草花を育てる

花の生命が息づく学校にしよう

一人一鉢栽培

窓下の花だんを作る

腐葉土　苦土石灰　マグアンプ　粒果

- よい土を作ります。
- 四季を通して花が咲くように計画します。
- 手入れがしやすいように，手前を低くし，絵になるように考えます。

スクール・ガーデニング（学校の栽培活動）

アブラナとクロッカス（春）

- 窓下花だんいっぱいに咲きます。
- 進級を祝う花です。
- よい香りにさそわれてチョウやハチがやってきます。

土づくり

- 11月頃，花だんに石灰をまきます。(1m² あたりコップ1杯ぐらい)
- 腐葉土とマグアンプを入れて，よくたがやします。

種まき

- 手前にクロッカスの球根を3cmおきぐらいに植えます。
- 奥にアブラナをばらまきします。
- 雨が当たれば水はほとんどいりません。
- クロッカスが終わった頃にアブラナが成長してきます。

ヒマワリとオシロイバナ（夏〜秋）

土づくり

- 苦土石灰，マグアンプ，腐葉土を入れて深くたがやします。

種まき

- ヒマワリの種を1晩水につけてまきます。

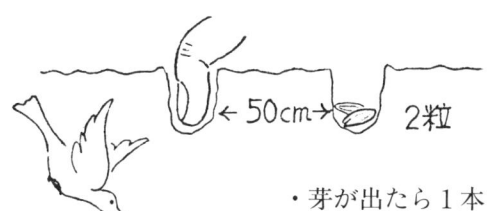

←50cm→ 2粒

- 芽が出たら1本にします。
- 本葉が見えてくるまで被います。
- オシロイバナを50cmおきに2〜3粒ずつまきます。

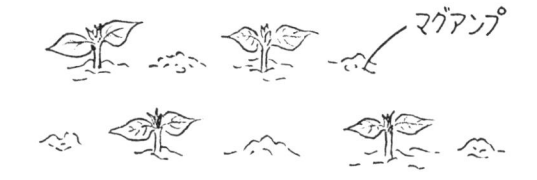

マグアンプ

- 20cmぐらいになったら株元にマグアンプを与えます。
- オシロイバナが晩秋まで咲き，よい香りを放ちます。

6. 学習園で作物を育てる

イネ 田んぼで育てる

（カレーパーティーをしよう）

もみまき
（5～6月）

- 深さ10cmくらいのバットに赤玉土と合成肥料を1つまみ入れます。
- 水を土の上2cmぐらいまで入れます。
- もみをばらまきして新聞紙をかけます。
- 芽が出たら新聞紙を取り、マグアンプを1つまみ入れます。
- 水が土の上2～3cmは常にあるようにします。

田おこしと水入れ

- 田んぼに黒土や腐葉土を入れてたがやし、水を入れます。

田植え
（苗が15～20cmになったら）

- 苗を2～3本まとめて20cm間かくぐらいに植えます。
- ひもを使って列をそろえます。

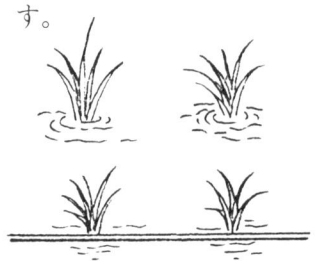

水やり
- いつも土の上5cmぐらい水があるようにします。

かかしを立てる

水ぬき
- イネが黄色くなったら水を止めます。

イネかり

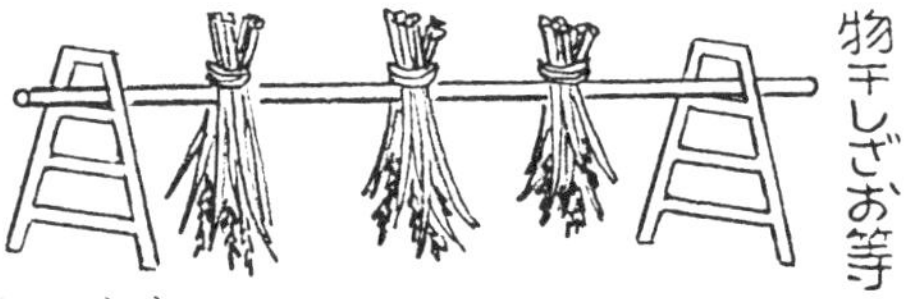

脱穀（だっこく）
- 手でもみを取ります。

精米（せいまい）
- 米屋に頼みます。
- 精米機を借りて学校で精米することもできます。

スクール・ガーデニング（学校の栽培活動）

サツマイモ　畑で育てる

（焼きイモを作ろう）

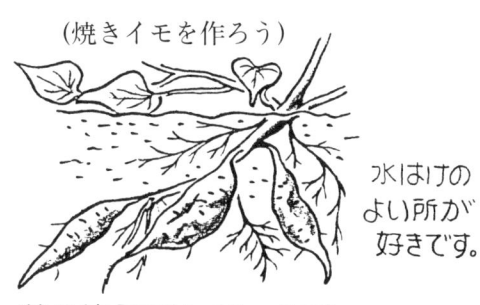

水はけのよい所が好きです。

苗の植えつけ（5〜6月）

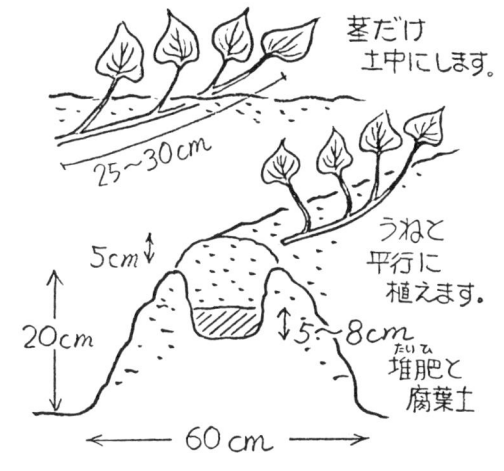

茎だけ土中にします。
25〜30cm
うねと平行に植えます。
5cm
20cm
5〜8cm　堆肥と腐葉土
60cm

水やり

・植えた後1週間は、しおれたときだけ与えます。その後は毎朝与えます。

草取りと追肥

・つるが小さいうちに1回だけ取ります。
・葉が黄色くなったら合成肥料を与えます。

収　穫

・1株掘ってみて、育っていたら計画を立てます。
・体操服・体育帽でくつ下の替えを用意します。

ラッカセイ　畑で育てる

（塩ゆでにして食べよう）

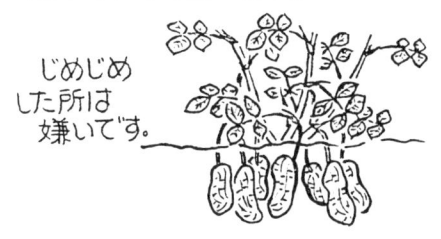

じめじめした所は嫌いです。

植えつけ（5〜6月）

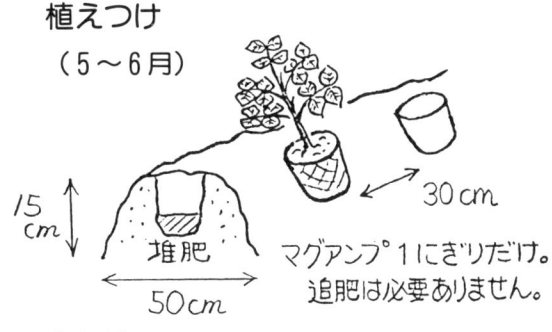

15cm
堆肥
50cm
30cm
マグアンプ1にぎりだけ。追肥は必要ありません。

水やり

・しおれたときだけ与えます。

草取り

・草に負けやすいので、こまめに取ります。

土寄せ

・めしべの先が土にもぐりやすいように、株のまわりに土を寄せてやります。

収　穫

・葉が枯れたら株ごとぬいてさやを取ります。洗って塩ゆでにして食べます。

7. 病虫害対策のポイント

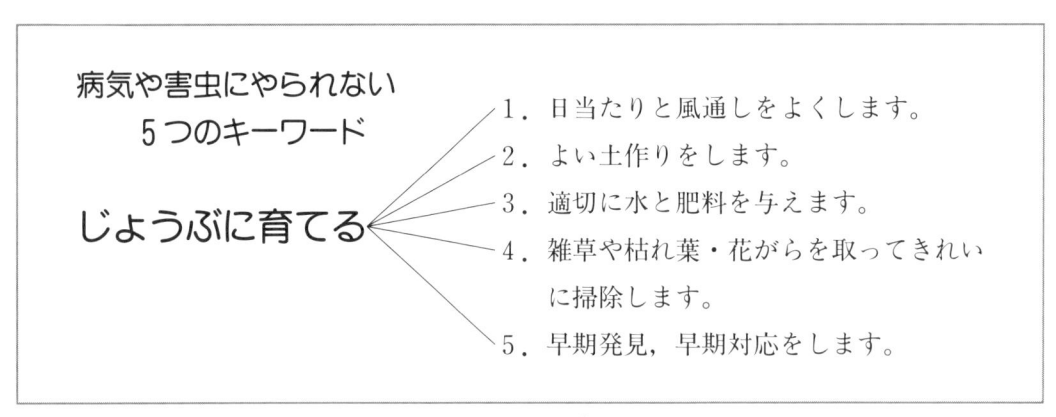

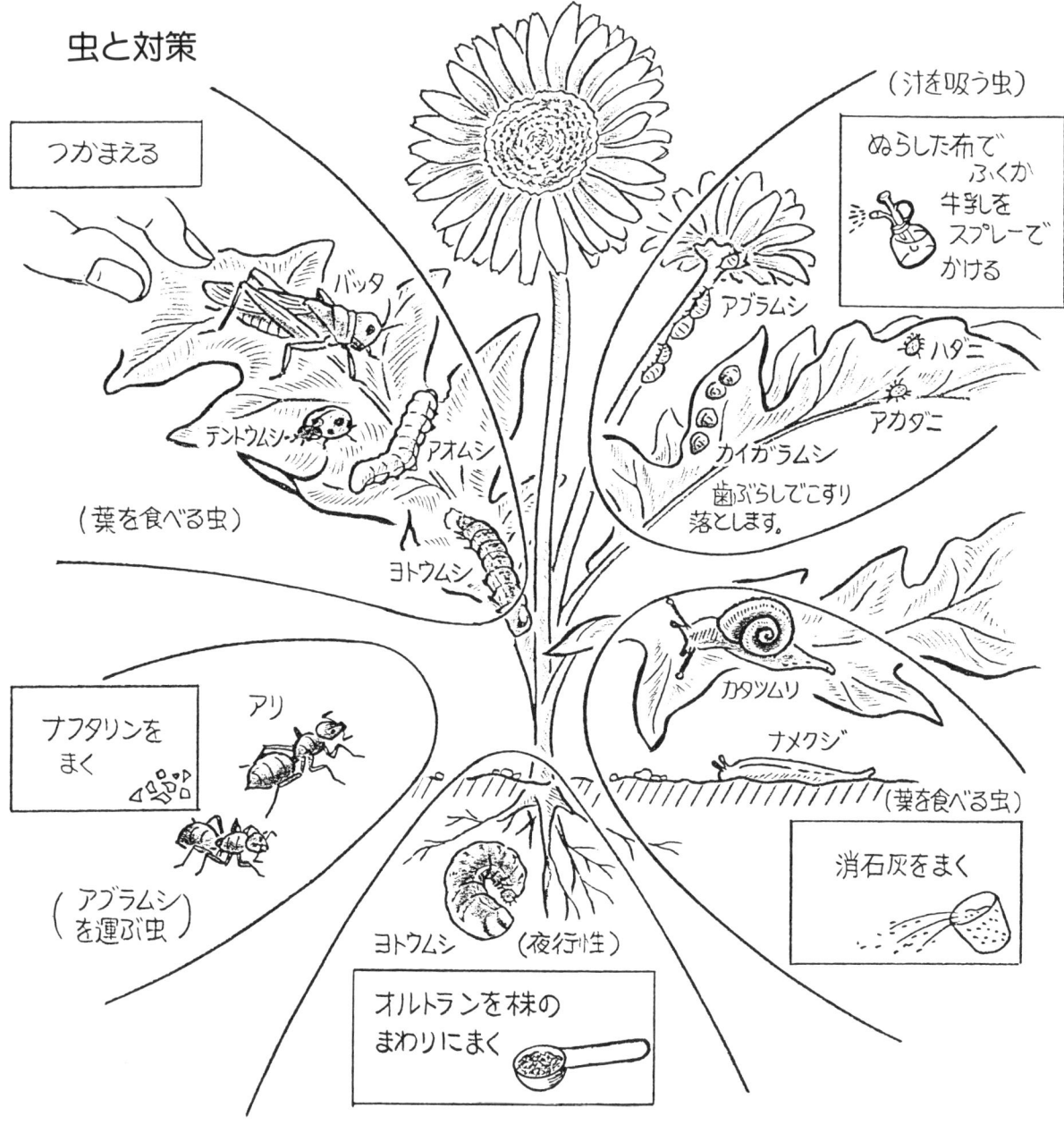

病気や害虫にやられない
5つのキーワード

じょうぶに育てる

1. 日当たりと風通しをよくします。
2. よい土作りをします。
3. 適切に水と肥料を与えます。
4. 雑草や枯れ葉・花がらを取ってきれいに掃除します。
5. 早期発見，早期対応をします。

虫と対策

つかまえる（葉を食べる虫）
- バッタ
- テントウムシ
- アオムシ
- ヨトウムシ

（汁を吸う虫）
ぬらした布でふくか牛乳をスプレーでかける
- アブラムシ
- ハダニ
- アカダニ

カイガラムシ — 歯ぶらしでこすり落とします。

（アブラムシを運ぶ虫）
ナフタリンをまく
- アリ

（葉を食べる虫）
消石灰をまく
- カタツムリ
- ナメクジ

オルトランを株のまわりにまく
- ヨトウムシ（夜行性）

36

スクール・ガーデニング（学校の栽培活動）

病気と対策

薬を　　・ベンレート
かけます。・マンネブダイセン
　　　　　・トップジン　など

ぬいて焼き捨てます。

モザイク病（ウイルス性）

まだらもようができ，縮（ちぢ）んだようになって成長しなくなります。

伝染力が強いです。

うどん粉病（こ）

白く粉をかけたようになります。成長が止まって花が咲きません。

斑点性病（はんてんせいびょう）

黒やかっ色の斑点ができ，広がって枯れます。

灰色カビ病

やわらかくなって腐（く）ります。やがて枯れます。

散布の仕方

・ビニールで被いをして飛ばないようにします。

・30cm以上離します。
・根から吸い上げます。

散布する日

○　△　×

日焼けを起こします

・くもりの日や、薄日の日がよいです。

気をつけよう　安全のために

・薬は，教師や大人が目の届く所に保管します。
・説明書通りに使います。
・薬を溶かした容器は，1回ごとに空にして，よく洗って乾かします。
・吸い込まないようにします。

8. 学校園（学習園）を作ろう（目的に応じた計画を）

	生活科・理科学習のための学習園	
低学年	①育てる楽しみを体感させます。→ ②葉・花・実を使って活動させます。→ ③収穫したものを使って活動させます。→	・一人一鉢（ミニトマト・アサガオなどの鉢作り） ・校庭に色々な形の葉を持った木を育てます。（ヤツデ・カクレミノ・イロハモミジ・ユリノキ・イチョウなど） ・ジャガイモ・サツマイモ（中学年と協働）
中学年	①作業を通して育てる楽しみ，収穫する喜びを体感させます。→ ②季節の違いによる植物の育ち方や花のつくりなどを調べます。→ （実験園）	・一人一鉢（コギク・ホウセンカ等の鉢作り） ・ジャガイモ・サツマイモの栽培（低学年と協働し，収穫を分け合いたいものです。） ・アブラナ・ダイコンなどの栽培 ・ヘチマ・キュウリ・カボチャなど雌雄花（しゆう）のあるものの栽培
高学年	①計画と実践を通して，育てる楽しみや収穫する喜びを体感させます。→ ②種子から植物を育て，日光，肥料による成長の違いや受粉の仕組みなどを調べます。→ （実験園）	・ジャガイモ・サツマイモ・サトイモなどの栽培（6年児童が責任者となって，全体でイモの栽培活動に取り組み，全校で収穫を祝いましょう。） ・一人一鉢（コギク・中ギク・トマト・ナスなどの鉢作り） ・イネ・ムギなどの栽培 ・ハツカダイコンやカブなどの短期に成長する作物を異なった条件で栽培します。 ・調べたことをもとにして，学校全体の花だんや学習園の世話や下学年への助言・手助けを試みます。

スクール・ガーデニング（学校の栽培活動）

総合学習をすすめるための学習園

●ツルナシアサガオ　　●コギク

①地域で栽培している花を育て，わから　→　・その地域で多く作られている植物を育て
　ないことや困ったことを栽培農家や花　　　　ることにより，自分たちの住んでいる地
　屋などに指導してもらいます。　　　　　　　域の特性を知りましょう。（ヒマワリ・コ
　　　　　　　　　　　　　　　　　　　　　　スモス・サルビア・サクラ草など）

②地域での特産農産物を栽培します。地　→　・トマト・キュウリ・ハクサイ・キャベツ
　域の方と協働してもらうと楽しい学習　　　　など地域特産物を栽培することにより地
　に発展します。　　　　　　　　　　　　　　域の特性を知りましょう。

①
②｝農協の方などの協力を得て，学校外　→　・地域の方々と協働することにより，地域
　にも栽培地を借り，全校児童に分け　　　　の特性や考え方について体験し，収穫の
　られるくらいの農作物を栽培します。　　　喜びをおおぜいで味わう楽しみを知りた
　　　　　　　　　　　　　　　　　　　　　いものです。

③地域に多い果樹などを，地域の方の協　→　・ミカン，リンゴ，サクランボなどの地域
　力を得て栽培し，収穫物の加工も工夫　　　の果樹栽培（校外の果樹園の一部を借り
　します。　　　　　　　　　　　　　　　　てもよい）をし，地域学習を深め，地域
　　　　　　　　　　　　　　　　　　　　　の方々との関わりを深めるようにします。

☆地域の特性を生かした栽培活動による生産物は，全校の児童以外にも，地域の社会福
　祉の施設などにも届けられる配慮をしたいものです。

9. 学校で作りやすい草花

季節	月	球根類	
春（一学期）	4月	・クロッカス ・ムスカリ ・チューリップ ・ヒヤシンス ｝開花	◎カンナ・ダリア・アマリリス・グラジオラスなどの植えつけ
	5月	・ユリ開花	・アマリリスの開花
夏	6月	●秋植え球根の掘り上げ （スイセン・ユリは2～3年は植えたままでもよいです。球根は乾いた涼しい所に保管しておきます。）	・グラジオラス ・カンナ ・ダリア ｝開花
	7月 8月		
	9月	○サフラン・イヌサフラン植えつけ	
秋（二学期）	10月	・サフラン・イヌサフラン開花	
	11月	◎クロッカス・チューリップ・ユリ　スイセン・ヒヤシンス・ムスカリ　スノードロップなどの植えつけ	●春植え球根の掘り上げ （カンナ・ダリア・グラジオラスは2～3年は植えたままでもよいです。掘り上げた球根はこおらないように保管しておきます。）
	12月		
冬（三学期）	1月 2月		☆球根の植えつけ
	3月	発芽 ・スイセン ・スノードロップ ｝開花	球根の高さの3倍くらい上まで土を入れます。 土を少し入れる 肥料

種 子・苗 類		その他
◎アサガオ・ホウセンカ・オシロイバナ・コスモス・オジギソウ・サルビア・ヒャクニチソウ・ヒマワリなどの春まき草花の種まき ・発芽後の追肥 ・ホウセンカ 　オシロイバナ ｝開花 ・アサガオ 　サルビア 　ヒマワリ ｝開花 ◉春まき植物の種取りと整理 ・コスモス 　オジギソウ ｝開花 ・種取りと整理 　9～10月 ◎キンギョソウ・キンセンカ・スイトピー・デージー・パンジー・ルピナスなどの秋まき草花の種まき （秋まき草花の多くは春に苗として入手できます。春まき草花は，開花期が終わっても種を取るために，そのまま残しておいてもよいでしょう。）	◎ナデシコ・サクラソウ・パンジー・ノコギリソウ・オミナエシなどの苗植えつけ ↓ ・サクラソウ 　パンジー ｝開花 ・キクのさし芽 ・ナデシコ 　ノコギリソウ ｝開花 ↓ ・オミナエシ開花 ・苗類の株分け ◎葉ボタン苗の植えつけ ☆冬の花だんは葉ボタンを植えておくと，さびしくなりません。 ハボタン	◎学校花だんに植えておきたい草花（宿根草） ・ボタン・シャクヤク ・アヤメ・ハナショウブ・ニホンサクラソウ ・タチアオイ・ゼニアオイなど ◎春まき草花 ・ルコウアサガオ（つる）・キンレンカ・クレオメ・ケイトウ・コリウス・センニチコウ・マツバボタン・フウセンカズラなど ◎秋まき草花 ・カーネーション・カスミソウ・ストック・フロックス・バーベナなど ◎秋の七草のうち ・キキョウ・オミナエシ・オバナ（ススキ） ・センダイハギなど ◎宿根草 ・シバザクラ・スズラン・フクジュソウ・ホオズキ・ミヤコワスレなど

10. 学校で栽培しやすい農作物

季節	月	種をまいて育てる作物	
春（一学期）	4月	・アブラナの開花 ↓ ・麦の取り入れ ・アブラナの種取り	◎ダイズ・アズキなどの種まき （ソバ・地ばいキュウリなど春まき野菜 や春大根・トウモロコシなどの種まき） ・エンドウマメ・サヤインゲンの取り入れ
	5月		
	6月		・地ばいキュウリの取り入れ
夏	7月 8月	アブラナ	地ばいキュウリ
	9月	コムギ	・春大根・トウモロコシ・ソバなどの取り入れ ・ダイズ・アズキなどの取り入れ
秋（二学期）	10月	◎アブラナ・コマツナ・ダイコンの種まき ◎麦類（コムギ・オオムギ）の種まき	◎エンドウマメ・サヤインゲンなどの種まき
	11月		☆種まきをするときには……
	12月	↓↓ ・発芽→間引き ・追肥（苗のまわりに）	深めにたがやします。　元肥えを入れます。
冬（三学期）	1月 2月	・コマツナの取り入れ ・麦ふみ（毎週） ・追肥	やわらかくした土を入れます。　指でかるく穴をあけ種をまきます。少し土をかけます。
	3月	↓ ・ダイコンの取り入れ	

苗を植えて育てる作物

- ジャガイモの発芽
  - ☆ジャガイモの
    イモのつき方 
- ◎サツマイモの苗植え

- ジャガイモの取り
  入れ

- サツマイモのつる返し・除草

ジャガイモ水栽培（観察用）

- サツマイモの取り入れ

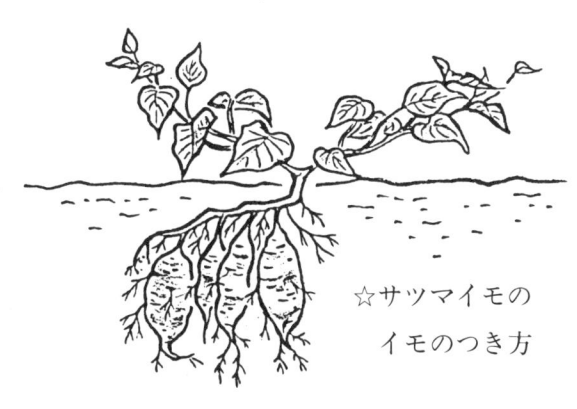

☆サツマイモの
　イモのつき方

◎ジャガイモの植えつけ（関東では３月
　中旬がよいです。）

- 春キャベツなどの取り入れ
- ◎キュウリ・トマト・ナスなどの苗植えつけ

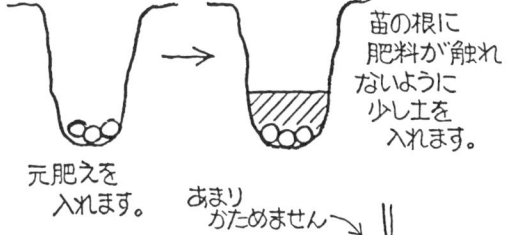

元肥えを入れます。　苗の根に肥料が触れないように少し土を入れます。

あまりかためません　土を入れます。

- キュウリ・トマト・ナス
  などの取り入れと追肥

☆７・８月の手入れや取り入れは夏休み
　中には難しいので，近所の方々や保護
　者の協力をお願いするとよいでしょう。
　植えつけの指導からお願いすると，よ
　く面倒をみてくれることが多いです。

◎春キャベツ・ブロッコリなどの苗植え
- 水やり
  ☆モンシロチョウやクロスジシロチョウ
  　の飼育用に鉢植えも作っておくとよい
  　でしょう。

- 追肥

- 寒さよけ（秋にためておいた落ち葉を苗
  の間にまきます。）

11. 学校に植えておきたい樹木・下草 Ⅰ

◎学校に植える木を選ぶ5つのポイント

①学習に直接必要な樹木・下草　　理科学習だけではなく，国語・社会・音楽などの教科書に出てくる植物

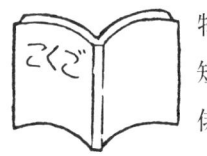

物語・短歌・俳句などに出てくる木？　　みかん・カラタチ？　　パルプは？

②四季の変化を実感として児童に知らせてくれる樹木・下草

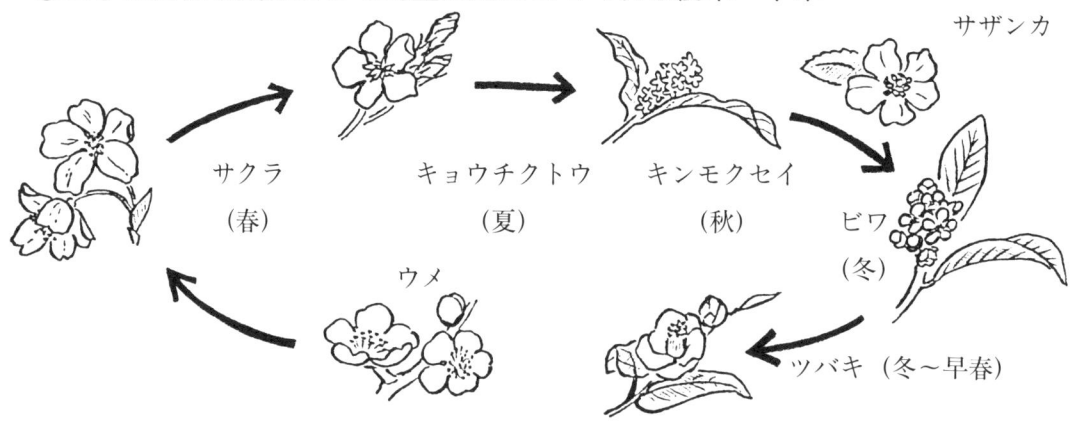

サクラ（春）→キョウチクトウ（夏）→キンモクセイ（秋）→サザンカ→ビワ（冬）→ツバキ（冬〜早春）→ウメ→サクラ

③日本や温帯地域の代表的な樹木・下草

カキ　　サクラ　　ツバキ　　マツ

④地域の自然林を作っている代表的な樹木・下草

関東では，クヌギ，カシ，ケアキ，アラカシ，ナラ，マツ，アオキなどが多い

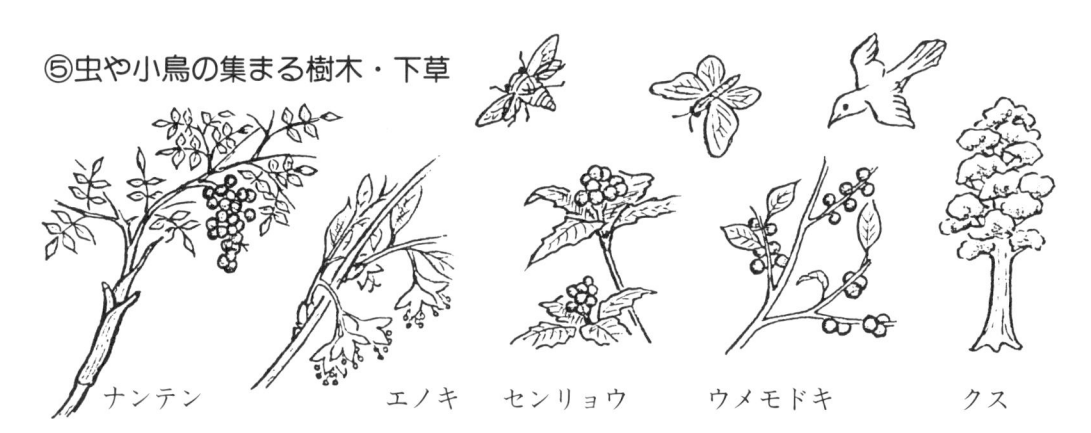

⑤虫や小鳥の集まる樹木・下草

ナンテン　　エノキ　　センリョウ　　ウメモドキ　　クス

スクール・ガーデニング（学校の栽培活動）

◎植樹のための6つのポイント

①児童の学習の場を考えて？
- 1本立ちで植えられるもの（サクラ・イチョウなど）
- 数本立ちで植えた方がよいもの（シラカバ・ツバキなど）
- 数株から数十株で植えたいもの（ツツジ・ライラック・レンギョウなど）

②日光を好む陽木か日陰を好む陰木か？

陽木（ウメ・サクラなど）　　陰木（ヒノキ・アオキなど）

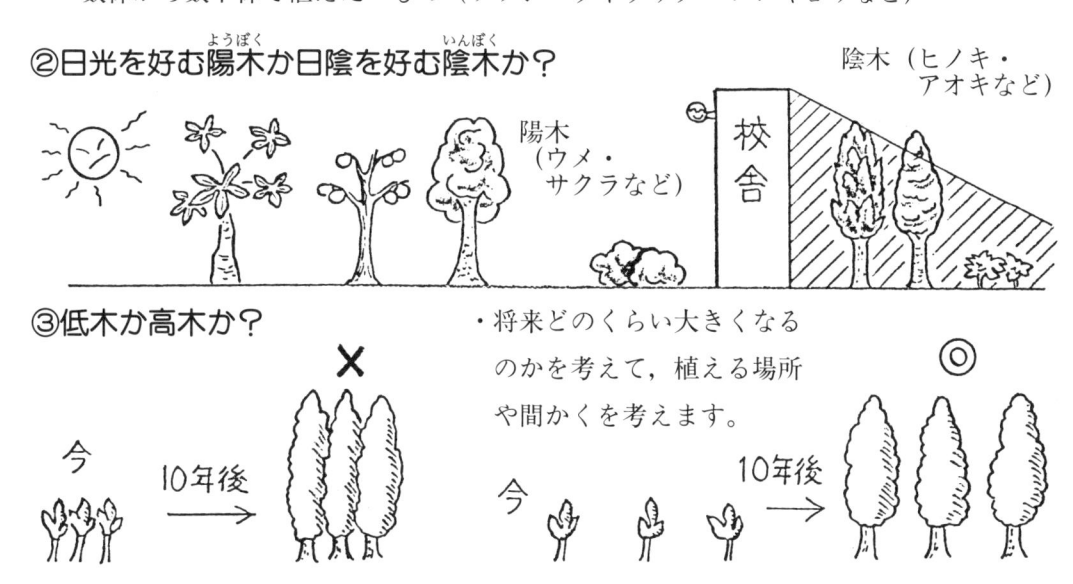

③低木か高木か？

・将来どのくらい大きくなるのかを考えて、植える場所や間かくを考えます。

④常緑樹か落葉樹か？

・落ち葉の整理や教室の日当たりも考えておきましょう。

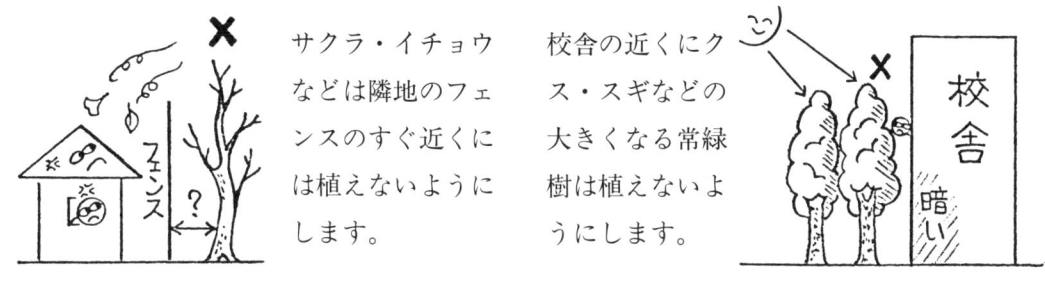

サクラ・イチョウなどは隣地のフェンスのすぐ近くには植えないようにします。

校舎の近くにクス・スギなどの大きくなる常緑樹は植えないようにします。

⑤花期や果期は？　・いつでも花を見られるよう、実を食べられるように考えておきます。

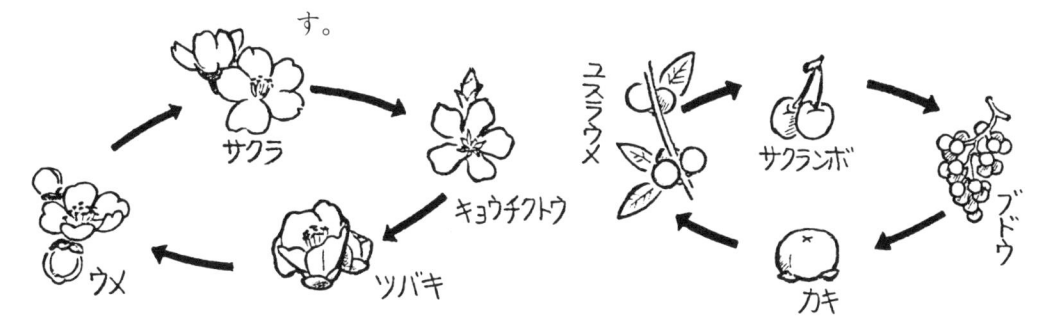

サクラ → キョウチクトウ → ツバキ → ウメ → （サクラへ）

ユスラウメ → サクランボ → ブドウ → カキ → （ユスラウメへ）

⑥木を植える場所は？　・植樹する場所の条件により、木の種類がある程度限定されることが多いので注意しましょう。

45

12. 学校に植えておきたい樹木・下草 Ⅱ

◎学校に植えておきたい花木と果樹

レンギョウ　モクレン　ハギ　ツバキ

	低木 （高さの低い木）		高木 （高さの高くなる木）	
春	・ツツジ ・クチナシ ・ユキヤナギ ・レンギョウ ・ヤマブキ ・エニシダ	・ジンチョウゲ ・ハクチョウゲ ・コデマリ ・ボケ ・ドウダンツツジ 　　　　　　　　など	・モクレン ・ハナミズキ ・ハナカイドウ ・ヒメリンゴ ・ナシ ・アケビ	・サクラ ・カキ ・モモ　・スモモ ・サクランボ ・リンゴ 　　　　　　　　など
春〜夏	・サツキ ・ガクアジサイ ・シャクナゲ ・フヨウ	・アジサイ ・アセビ ・ボタン 　　　　　　　　など	・バラ ・ミカン類 ・タイサンボク ・ライラック ・ネムノキ ・サンゴジュ	・カラタチ ・サルスベリ ・フジ ・キョウチクトウ ・ムクゲ ・ノウゼンカズラ 　　　　　　　　など
秋	・ハギ ・チャ ・ヒイラギ	・ヤツデ ・ノボタン 　　　　　　　　など	・キンモクセイ ・サザンカ	・ギンモクセイ 　　　　　　　　など
冬	・アオキ	・ロウバイ 　　　　　　　　など	・ツバキ ・ウメ ・サンシュ ・ビワ	・ネコヤナギ ・コブシ ・ミツマタ 　　　　　　　　など

スクール・ガーデニング（学校の栽培活動）

食べられる実をつける木（果樹）

低木
- グミ
- ニワウメ
- キイチゴ
- ユスラウメ
- スグリ
- ブルーベリーの類
- ラズベリーの類　など

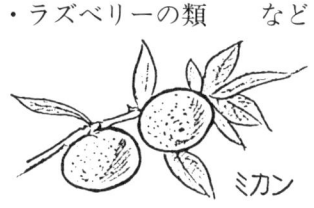

高木
- カキ
- ナツミカン
- ユズ
- サクランボ
- クリ
- ナシ
- ナツメ
- ブドウ
- リンゴ
- ミカン類
- モモ
- ザクロ
- イチジク
- ビワ
- クルミ
- アケビ

など

キイチゴ　ミカン

実あそび・小鳥集め――学習活動に活用できる実をつける木

低木
- ナンテン　・アオキ　・ヤツデ
- チャ（茶）　・ピラカンサ　・カラタチ
- ウメモドキ　・ツルウメモドキ　など

高木
- クヌギ　・コナラ　・シラカシ
- スダジイ――ドングリのなる木
- スズカケ　・ムクロジュ　など

学習活動に活用できる葉や実をつける木

低木
- ヤツデ　・ナンテン　・ササ
- クマザサ　・ヒイラギ　など

高木
- イロハモミジ　・ユリノキ
- カツラ　・イチョウ　など

学校に植えておくとよい下草

・ススキ　・ヤブラン　・ジャノヒゲ　・リュウノヒゲ　・ササの類

13. 草木の観察ポイント

◎木

☆形（全体のようす）は……

・遠くから見て，木全体のようすを見る。木の形により種類分けができる。

☆葉の形・つき方

・葉のつき方は……　　・葉が向き合ってついている。　　・互い違いについている。

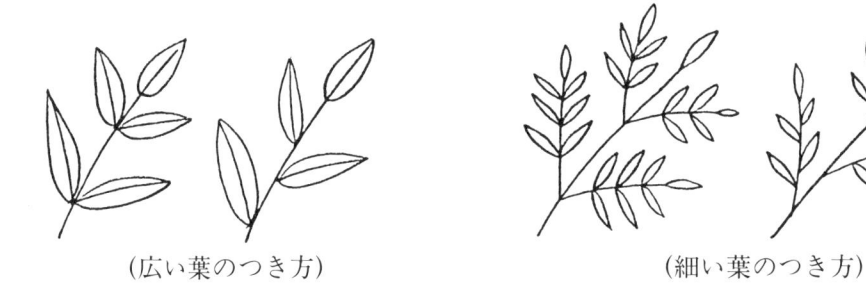

（広い葉のつき方）　　　　　　　　（細い葉のつき方）

・葉の形は……

・葉の形・葉のまわりのようすや葉脈（ようみゃく）のようすに気づかせる。

☆花や実は……

・花の咲く木では，どの季節に，どのような色の，どのような花が咲いていたかを思い出させる。

・実のなる木では，どんな実がなっていたかを思い出させて，同じようなすがたの木には，同じような実がなっていることなどに気づかせる。

◎花や草

☆形（全体のようす）は……

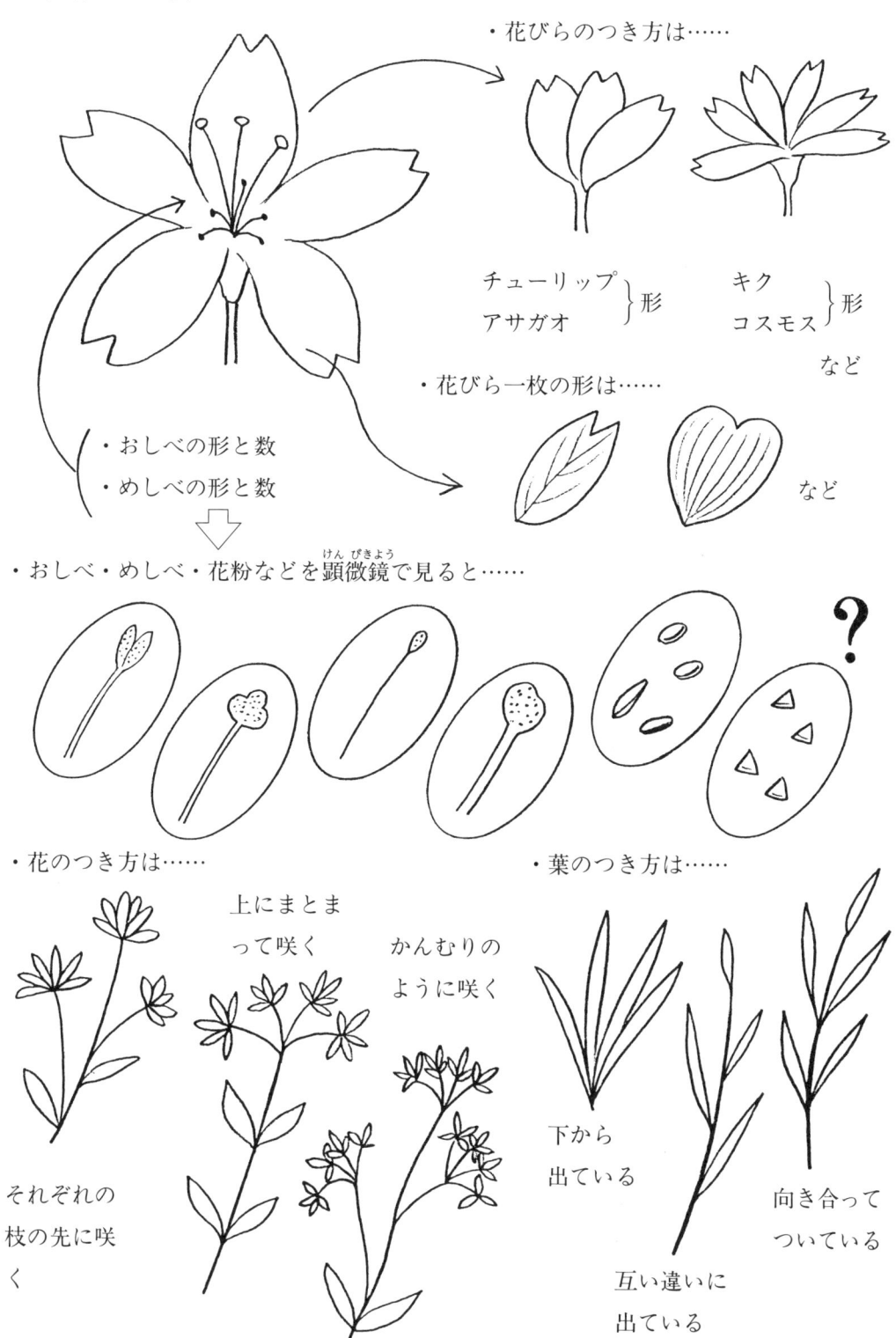

・花びらのつき方は……

チューリップ
アサガオ ｝形

キク
コスモス ｝形

など

・花びら一枚の形は……

など

・おしべの形と数
・めしべの形と数

・おしべ・めしべ・花粉などを顕微鏡（けんびきょう）で見ると……

・花のつき方は……

上にまとまって咲く

かんむりのように咲く

それぞれの枝の先に咲く

・葉のつき方は……

下から出ている

互い違いに出ている

向き合ってついている

スクール・ガーデニング（学校の栽培活動）

49

14. 草木あそび

☆どこつないだ？ ——スギナやトクサを使った，あてっこ遊び

・スギナは葉を取り，軸(じく)だけにします。→ 節の所を引っぱってぬきます。

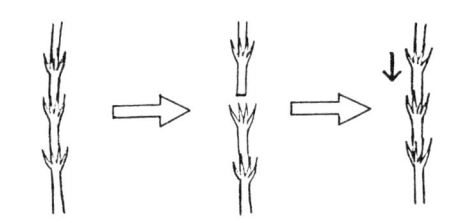

またさしこみます。→ 目で見て，ぬいた所のあてっこをします。

☆ガラガラ　だれの音が一番だ？ ——実のついたナズナをガラガラにする音遊び

花軸が離れないように皮をつけてひくと，たれさがります。

耳のそばで振りながら音を聞き合って楽しみます。

☆たんぽぽの風ぐるま・水ぐるま——だれのがよく回るかな？

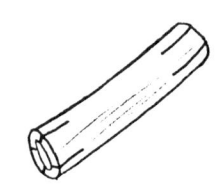

茎を切りとり，両はしを4つにさきます。

さいてから水につけると，曲がってはねができます。中空に小枝を通して，流水で回したり，吹いて回します。

☆草ぶえ・草ラッパを鳴らしてみよう——だれがうまいかな？

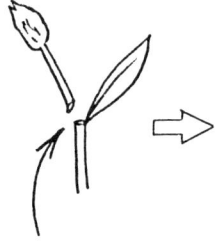

穂をぬきます。

スズメノテッポウやヒメシバの穂の所ををぬきます。葉を下に折って点線の所までくわえて吹きます。

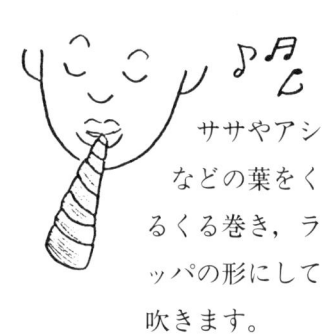

ササやアシなどの葉をくるくる巻き，ラッパの形にして吹きます。

☆ササぶね作り

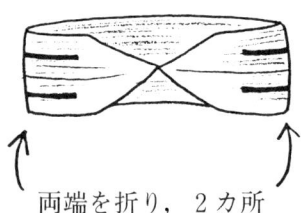

両端を折り，2カ所ずつ切ります。

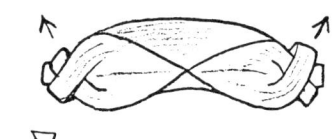

切れ目の間にさしこみます。

ササぶねのできあがり。

スクール・ガーデニング（学校の栽培活動）

☆エノコログサ（ネコジャラシ）・ススキの動物づくり（キツネ・ウサギなど）
　○穂を何本か束ね，まわりを穂で巻いてからしばります。はじめに耳や口・尾にする方を決めておくとよいでしょう。

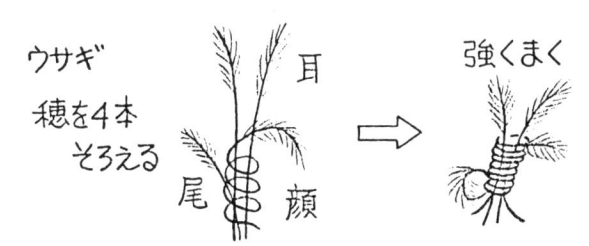

　ウサギ　穂を4本そろえる　耳　尾　顔　→　強くまく

☆エノコログサの草競馬　——どっちがはやいかな？
　○穂をぬき，もとを少し曲げます。

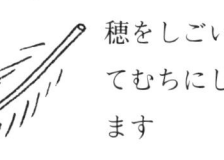

　そらせる　曲げる　穂をしごいてむちにします

☆カヤツリ草の仲よしゲーム
　○茎の両端に切れ目を入れ，ふたりで「仲良くすれば……四角ができる」といいながら静かに引きます。

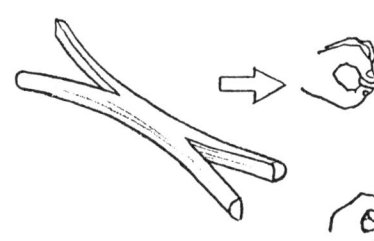

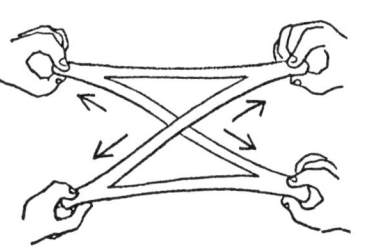

☆オオバコの切りずもう
　○穂をやわらかくもんでおいてから，からめあって切りあいをします。
　・力を入れて強く引いた方が，なぜか切れるようですよ！ 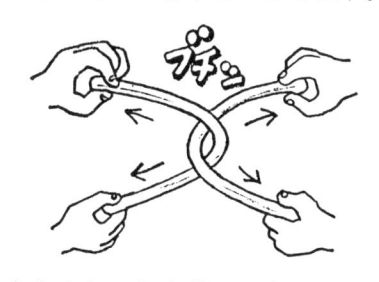

☆穂のたたきすもう
　○ヒメシバ・オヒシバなどの穂を使って，たたきすもうをしてみましょう。
　○土俵は空箱に書いておきます。

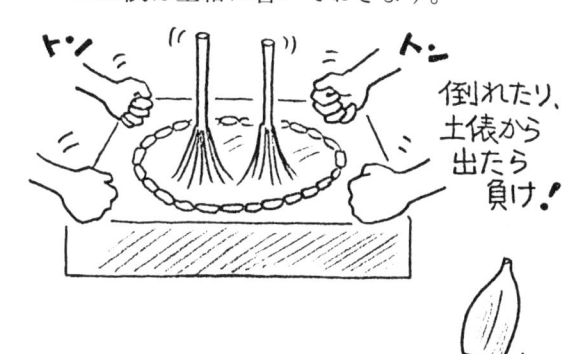

　倒れたり，土俵から出たら負け！

◎ササのモーターボート
　片方はそのままにしておきます。

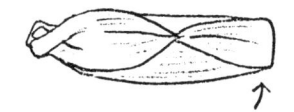

◎ササのほかけ船
　①柄のついた葉でササぶねを作ります。
　②別の葉を半分に切り，少し中の芯を残しておきます。
　③芯を下の柄にさします。 

51

15. 調べるとおもしろいよ！　野草の名の由来

大きさから

野草や木などには，鳥や動物・虫などの名がついているものがあります。その多くは，その仲間の中での大きさを示しています。

○ウシ……ウシハコベ・ウシクサ　　　○カラス……カラスムギ・カラスノエンドウ
○ハト……ハトムギ　　　　　　　　　　　→比較的大きいもの
○ノミ……ノミノツヅリ・ノミノフスマ　○スズメ……スズメノヤリ・スズメノエンドウ
　　　　　　　　　　　　　　　　　　　　→とても小さいもの
○オニ（鬼）……オニタビラコ　　　　○オオ（大）……オオイヌノフグリ
　　　　　　　　オニユリ　　　　　　　　　　　　　オオジシバリ
　　　　　　　　　　　　　　→大きいもの
○ヒメ（姫）……ヒメオドリコソウ　　○コ（小）……コオニカタビラ
　　　　　　　　ヒメジオン　　　　　　　　　　　　コナスビ
○ヒナ（雛）……ヒナカヤツリ・ヒナゲシ　　→小さいもの

身近にある木などから

○スギナ……スギの葉に似た葉をした草
○ササクサ……ササに似た葉をした草
○スギゴケ……スギの葉に似たコケ　　○タケニグサ……タケに似て育ちのよい草
○サクラソウ……サクラの花に似た花をつける草

見頃の季節や色から

○春……ハルタデ・ハルノノゲシ・ハルジオン
○秋……アキノノゲシ・アキノキリニソウ・アキノタムラソウ
○彼岸……ヒガンバナ　　○梅雨……ツユクサ
○白……シロツメグサ（花）・シロザ（葉）　○赤……アカツメクサ（花）・アカネ（茎）
○紅……ベニバナボロギク　　　　　　　　○紫……ムラサキゴケ

生えている場所から

○カワラ……日当たりのよい，河原のように水はけのよい土地に生えている植物
　・カワラヨモギ・カワラケツメイ・カワラナデシコなど
○ヤブ（ヒカゲ）……ヤブの中のような半日陰に生える植物
　・ヤブジラミ・ヤブタビラコ・ヤブニンジン・ヒカゲノコヅチなど
○ハマ……海岸などの日当たりのよい砂地に生える植物
　・ハマダイコン・ハマナス・ハマニガナ・ハマエンドウなど
○ヤマ……山地に近い所に見られる植物
　・ヤマゴボウ・ヤマユリ・ヤマノイモなど
○アレチ……あまり栄養のよくない土地でも生えてくる植物
　・アレチウリ・アレチノギク・アレチヌスビトハギ・アレチギシギシなど

ハマナス

スクール・ガーデニング（学校の栽培活動）

道具の名（形）から
○ホトケノザ（仏の座……仏具）　○ノコギリソウ（葉の形）
○ナタマメ（実の形）　○カヤツリグサ（実の形）
○ヤブレガサ（葉の形）

形などから連想されたもの
○カゼグサ……風がふくと葉がよく動く。
○マツムシソウ……花がマツムシによく似ている。
○マムシソウ……花がマムシのかま首に似ている。

○カタバミ……葉が片方食べられたよう。　○カキドウシ……垣根を越えて伸びていく。
○ドドメグサ……土を止めているよう。　○ボロギク……下を向いて開花しなさそう。
○ママコノシリヌグイ……トゲのある葉や茎なので継子いじめに都合がよい。
○タンポポ……花の形がつづみに似ているので、つづみの音をまねてつけた。
○ヤブガラシ……大きく育ちヤブを枯らせそう。
○ツボスミレ……一部がつぼの形をしている。
○セイタカアワダチソウ……背が高く、アワの実のような花をつける。
○セン（千）……花や実の数が多い植物。
　・センボンヤリ（千本槍）　・セントウソウ（千頭草）　・センナリホオズキ（千成～）

マツムシソウ

匂いや味から
○キュウリグサ……葉や茎をもむとキュウリの匂いがする。
○スイバ……葉や茎がすっぱい味がする。スカンポとも呼ばれる。
○ヘクソカズラ……葉をもんだ匂いや花の匂いがおならや糞のよう。

その他
○イヌ……イヌがつく野草の多くは、何の役にも立たないものが多い。
　・イヌゴマ　・イヌビユ　・イヌホオズキ　・イヌタデなど
　・オオイヌノフグリ……実が犬のふぐりに似ている。
　・エノコログサ……犬の仔のふさふさした尾に似ている。
○キツネ……キツネは昔から人をだますといわれるが、食べられない草や
　　　　他のものに似ている草につけられることが多い。
　・キツネノゴマ　・キツネノオ　・キツネアザミ　・キツネノテブクロなど
○アメリカ、セイヨウ～がつく植物はすべて帰化植物といってよい。
　・アメリカセンダングサ　・アメリカフロウ　・セイヨウタンポポ
　・セイヨウヒルガオなど

◎　植物名の由来を調べていくと、その植物の特徴がよく
　わかります。この他にもおもしろい由来やびっくりする
　由来がありますので、チャンスを見て、子どもたちと調
　べながら、野草や草花と仲よくなってください。

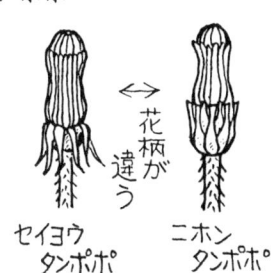

セイヨウタンポポ　⇔花柄が違う　ニホンタンポポ

16. 学校に植えておきたい水生植物

水に浮いているもの〔浮遊植物〕 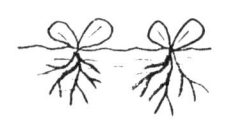
ホテイアオイ
ウキクサ
アサザ

・みんな浮きぶくろを持っている。
ホテイアオイの葉

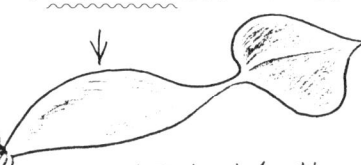

水中に沈んでいるもの〔沈水植物〕
（モの種類が多い）
クロモ　フサモ 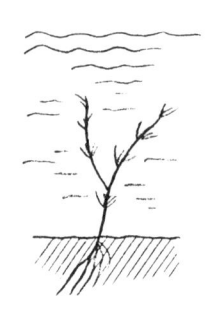
マツモ　シャジクモ
エビモ　セキショウモ
タヌキモ　カナダモ
・池の底に根がある。水中にも根を出しているものもある。
・花を咲かすときは，花は水面に出るものが多い。

葉や花が水面に浮くもの〔浮葉植物〕 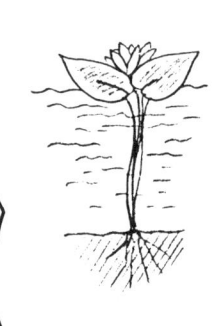
スイレン　ヒシ
ネッタイスイレン
ヒツジグサ
ジュンサイ
トチカガミ
ヒルムシロ

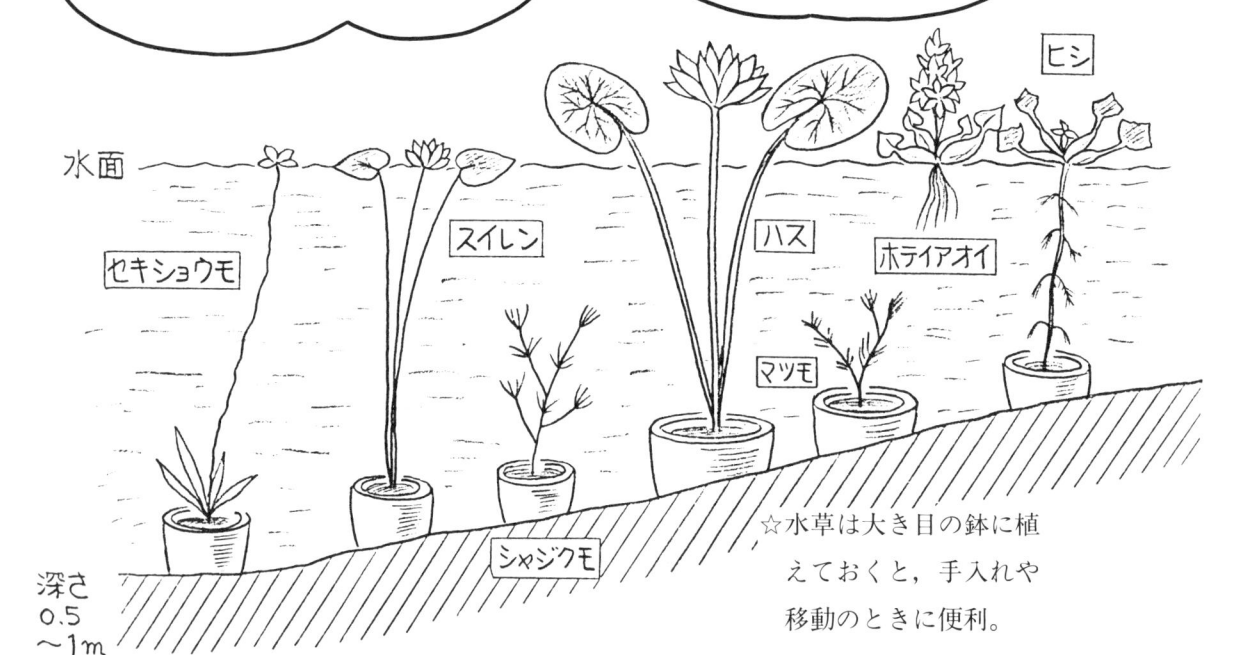

水面　セキショウモ　スイレン　ハス　マツモ　ホテイアオイ　シャジクモ　ヒシ

深さ 0.5～1m

☆水草は大き目の鉢に植えておくと，手入れや移動のときに便利。

☆学校の池では安全を考えて，一番深い所（中央部）でも0.5～1m以下にします。

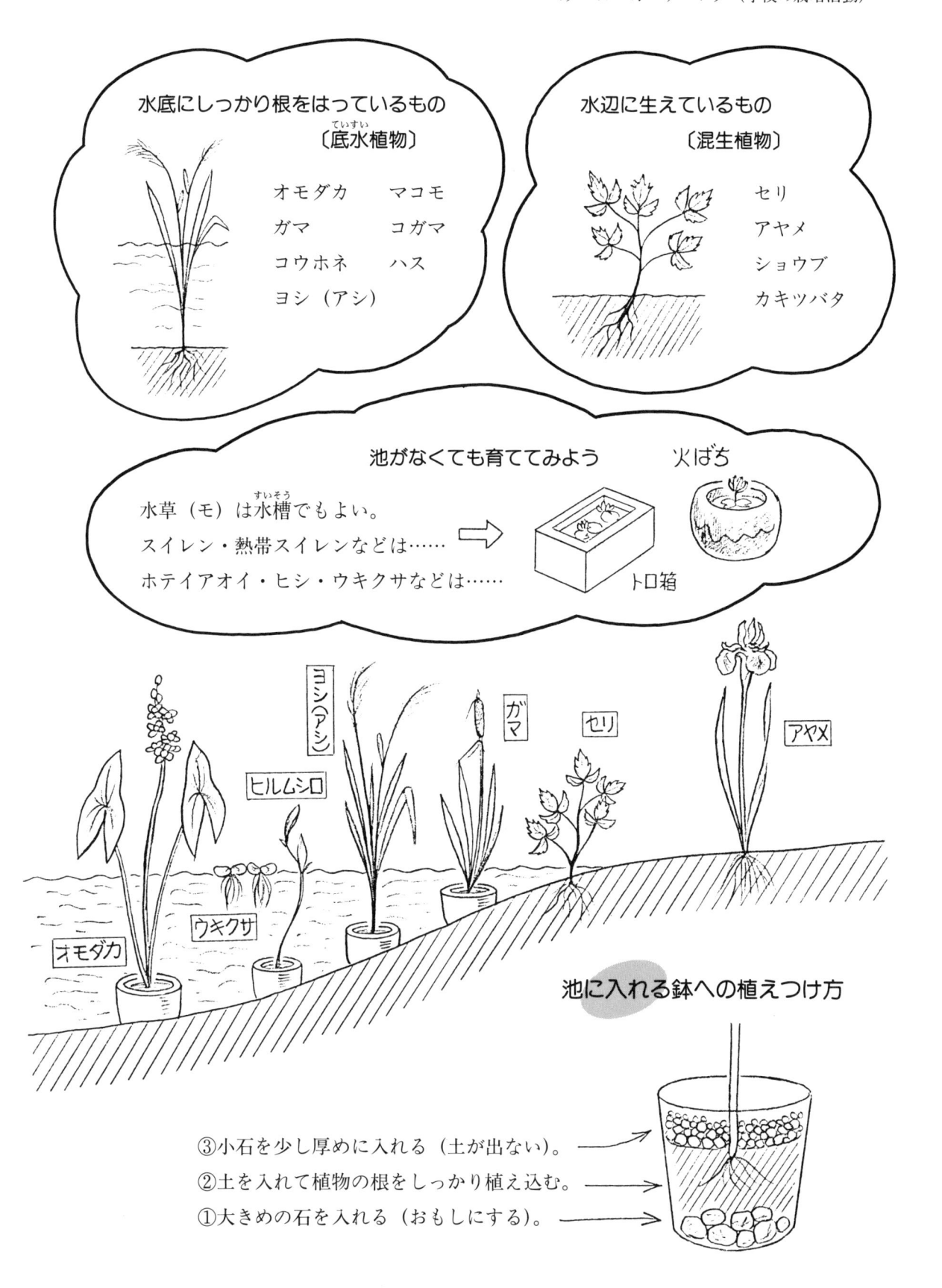

スクール・ガーデニング（学校の栽培活動）

水底にしっかり根をはっているもの
〔底水（ていすい）植物〕

オモダカ　マコモ
ガマ　　　コガマ
コウホネ　ハス
ヨシ（アシ）

水辺に生えているもの
〔混生植物〕

セリ
アヤメ
ショウブ
カキツバタ

池がなくても育ててみよう

水草（モ）は水槽（すいそう）でもよい。
スイレン・熱帯スイレンなどは……　⇒　トロ箱
ホテイアオイ・ヒシ・ウキクサなどは……

火ばち

オモダカ　ウキクサ　ヒルムシロ　ヨシ(アシ)　ガマ　セリ　アヤメ

池に入れる鉢への植えつけ方

③小石を少し厚めに入れる（土が出ない）。
②土を入れて植物の根をしっかり植え込む。
①大きめの石を入れる（おもしにする）。

17. 楽しい校庭にする工夫

◎こんな名札を！

学校でよく見かける名札

ビワ
バラ科　ビワ属
花期　晩秋　果期　6月

→

児童の興味・関心を高める名札へ

ビワ　㊊
○冬に枝先に花が咲きます。
　どんな花かな？

学校で記号の約束を作る

㊊……実のなる木
㊐……花の咲く木
㊛……葉の形が変わっている木

ビワ　㊊
○1回卒業生が給食に食べたとき、種をまいたそうです。（何年になるのかな？）
○実がなると給食のときに出るよ。楽しみだね。

☆学校での名札は、学術的な科・属名や花期・果期だけではなく、児童の興味や活動をうながすものにしましょう。
・どんな花がいつ頃咲くのか？
・どんな味の実がいつ頃できるのか？
・どんな役に立っているのか？
・郷土とのつながりがあるのか？
・どんなときに植えられたものか？
・どんな願いで植えられたものか？

など、児童の気持ちをひきつけるものにしましょう。

◎各都道府県・郷土の花と木

都道府県	北海道	青森	岩手	宮城	秋田	山形	福島	茨城	栃木	群馬	埼玉	千葉	東京	神奈川	新潟	富山	石川	福井	山梨	長野	岐阜	静岡	愛知
花と木	ハマナス	リンゴ	キリ	ミヤギノハギ	フキノトウ	ベニバナ	ネモトシャクナゲ	バラ	ヤシオツツジ	レンゲツツジ	サクラソウ	ナノハナ	ソメイヨシノ	ヤマユリ	チューリップ	クロユリ	スイセン	フジザクラ	リンドウ	レンゲソウ	イチイ	ツツジ	カキツバタ
	エゾマツ	ヒバ（アスナロ）	南部アカマツ	ケヤキ	秋田スギ	サクランボ	ケヤキ	ウメ	トチノキ	クロマツ	ケヤキ	イヌマキ	イチョウ	ユキツバキ	立山スギ	アテ（アスナロ）	マツ	カエデ	シラカバ	イチイ	モクセイ	ハナノキ

スクール・ガーデニング（学校の栽培活動）

◎学校の植物地図を！

校内の木をはじめとする植物に児童の関心を向けるには，まず，どんな植物がどんな場所にあるのかを調べて，「学校の植物地図」を作ってみるとよいでしょう。

○学校全体の「木の地図」

○学校全体の「植物観察地図」

○四季や学習に応じた「観察コース地図」

などが考えられます。

同種の植物が点在しているときは①②……などの記号で表すとよいでしょう。別表に①マツ，②ヒノキ，……のように，地図と合わせて名前がわかるようにしておきます。

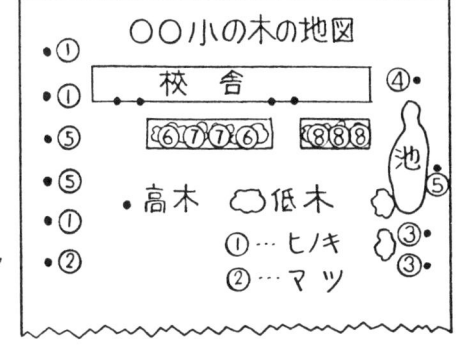

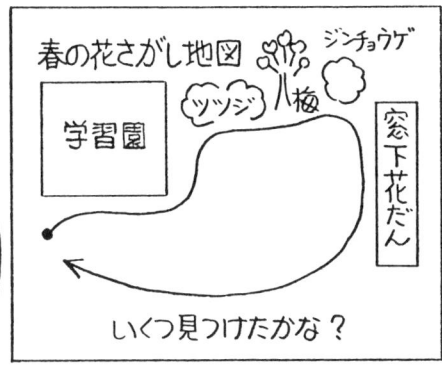

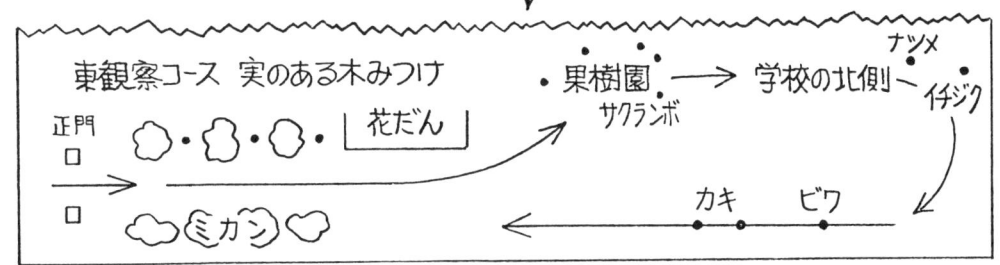

日本	沖縄	鹿児島	宮崎	大分	熊本	長崎	佐賀	福岡	高知	愛媛	香川	徳島	山口	広島	岡山	島根	鳥取	和歌山	奈良	兵庫	大阪	京都	滋賀	三重
キク	デイゴ	ミヤマキリシマ	ハマユウ	豊後ウメ	リンドウ	雲仙ツツジ	クスノキ	ウメ	ヤマモモ	ミカン	オリーブ	スダチ	ナツミカン	モミジ	モモ	ボタン	二十世紀ナシ	ウメ	ナラノヤエザクラ	ノジギク	ウメ・サクラソウ	シダレザクラ	シャクナゲ	ハナショウブ
ヤマザクラ	琉球マツ	クスノキ・カイコウズ	フェニックス	豊後ウメ	クスノキ	ヒノキ・ツバキ	クスノキ	ツツジ	ヤナセスギ	マツ	オリーブ	ヤマモモ	アカマツ	モミジ	アカマツ	クロマツ	大山キャラボク	ウバメガシ	スギ	クスノキ	イチョウ	北山スギ	モミジ	神宮スギ

スクール・フィーディング

学校の飼育活動

1. 教室で生きものを育てる

1．飼育のポイントⅠ

> **特に注意したいこと**
> 1．生きもののいのちを大切にすること。
> 2．それぞれの生きものが食べ物を食べているのだということ。
> 3．どの生きものも自分に合った生活をしていることを忘れないで。

入れ物は……

- 飼う生きものの大きさや数によって選びましょう。
- 生きものを入れる前に観察がしやすいかどうか考えましょう。
- 生きものの動き方によっては，ガーゼなど空気の通りがよいふたを工夫しましょう。

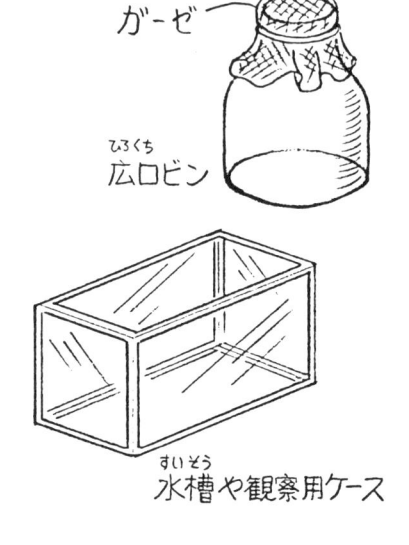

ガーゼ
広口ビン

水槽や観察用ケース

えさは……

おいしいえさがあるかな？

- 好むえさをしっかり調べましょう。
- えさのはっきりしないものは，ペットショップなどでもよく教えてくれます。
- えさは与えすぎないように気をつけましょう。

置き場所は……

- 冷房機や暖房機の前は避けましょう。
- 直射日光の当たる窓の近くは避けましょう。

寒い

暑い暑い暑い

スクール・フィーディング（学校の飼育活動）

◆◇◆ 掃除も忘れずに……

（足がよごれるよ～）

・生きものを飼うときに忘れがちになるのが入れ物の中をいつもきれいにしておくことです。
・食べ残したえさやふんの後始末をきちんとしてやりましょう。
・病気を防ぐためにも清潔にしておくことが大切です。

◆◇◆ 休みの日などは……

・学校が休みでもえさは必要ですね。当番などを決めてえさやりをしましょう。
・「あしたは休みだからきょうはたくさん食べさせよう」はだめです。
・長い休み……夏休み・冬休みなどは、お友だちの家にホームスティしてもらうのもよいでしょう。生きもののことを考えて相談してください。
・当番になった人には、みんなが互いに感謝の声をかけましょう。

◆◇◆ いつも記録を……

・どんな小さなことだと思っても記録しておくと後で役立ちます。
・飼っている生きものをしばらくじっと見ていると何かしら書くことが出てきます。感想でもよいのです。

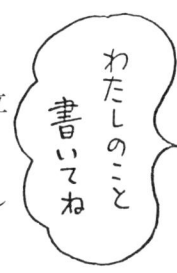

（わたしのこと書いてね）

当番日誌（○○の観察記録）

4月10日（月）曜日　天気（晴）　係（3班）
○朝8時にえさをやりました。休みの後だったので、とてもよく食べていました。 ○えさを出したらみんなが集まってきました。

観察の絵

2．教室で育てやすい生きもの

スズムシ［夏～秋］

鳴くのはオスです。鈴を鳴らしたようにリーン，リーンと鳴くのでスズムシといわれています。

すむ場所は……

昼は，枯れ草や倒れた古い木の下などを探しましょう。夜は，鳴き声をたよりに近づいて懐中電灯の光で照らしながら，網などでつかまえます。

このごろは，人工養殖されているので夏になる前に店で売られているものもあります。割合に簡単に育つ虫です。

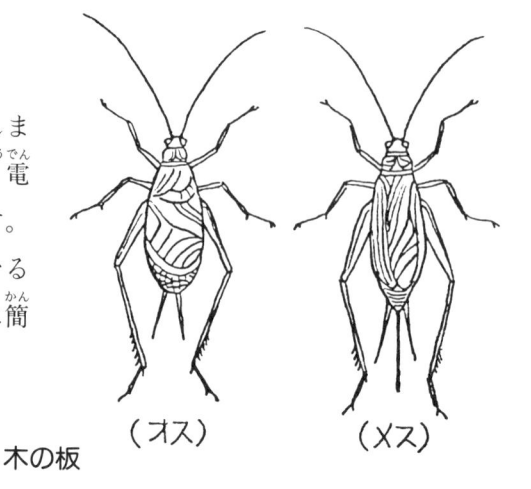

（オス） （メス）

用意する物は……

水槽か観察用ケース

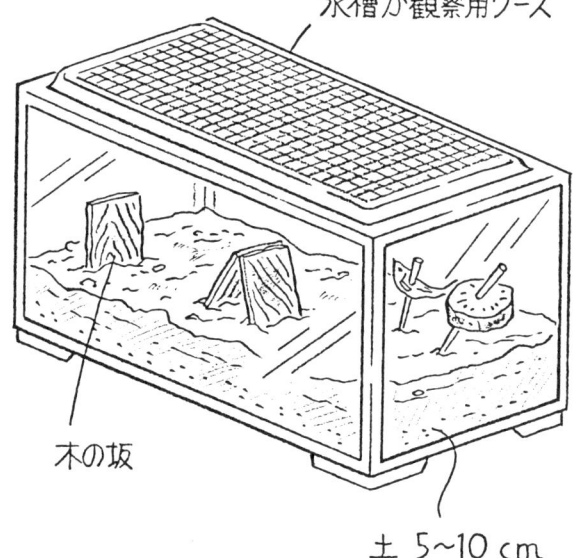

木の板

2～3枚を立てて，かくれ場所や登る所を作ります。古い木の枝も役に立ちます。

木の板

土 5～10 cm

土と砂

土と砂は，土3，砂7の割で用意します。2日ぐらい日光に当てて消毒し，バクテリアなどを殺しておきます。土と砂を混ぜたら，水槽などの入れ物に5～10cmぐらいの深さで敷きつめます。次に，きりふきで土を湿らせ，木の板やえさを立てて準備完了です。

えさは……

なす，きゅうり，けずりぶし，にぼし，くだもの

えさは，ようじや竹ぐしなどにさして，土がつかないように立てておきます。けずりぶしは，アルミなどのお皿に入れます。

けずりぶし

スクール・フィーディング（学校の飼育活動）

- スズムシは，オス1匹に対してメス2匹の割合で飼うようにします。
- えさは，毎日必ず取りかえるようにします。
- 入れ物の中の土は，いつも同じようにきりふきで湿らせておきます。
- スズムシに水をかけないように気をつけましょう。
- スズムシを入れたらしばらく薄暗い所に置いて，すみかにならします。
- 薄暗く涼しい所が好きですが，なれると明るくても鳴き出します。
- えさが植物性のものだけだと，共食いをするのでときどきはけずりぶしやにぼしを食べさせます。

はねを立てて鳴くスズムシのオス

秋になったら

- 10月中頃には土の中に産卵します。
- 1匹のメスが1回に産む卵の数は200粒ぐらいになります。
- このころになると，次々に死んでいきますが，来年にそなえ死がいをかたづけてきれいにしておきましょう。
- スズムシがいなくなったら，土を十分に湿らせ，押し入れなど，じゃまにならない所に春まで置きます。4～5月ごろには，卵がふ化します。

スズムシの鳴く仕組み

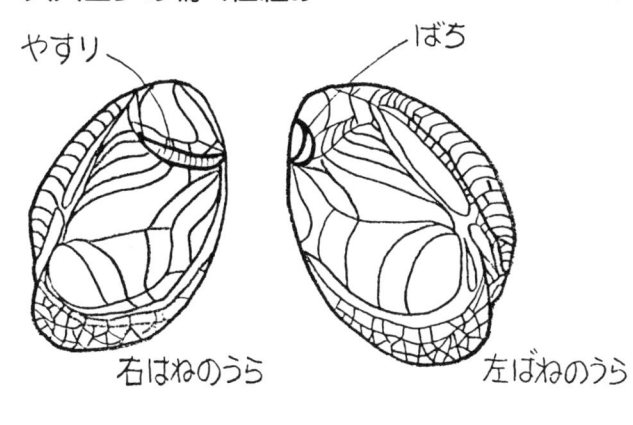

やすり　　　　　　　ばち

右はねのうら　　　左ばねのうら

　前ばねを立てて，右ばねを上にして開き，閉じる瞬間に右ばねのやすりと左ばねのばちとをするようにして振動させて薄い膜に響かせます。

カブトムシ［夏］　【成虫の育て方】

観察用ケース

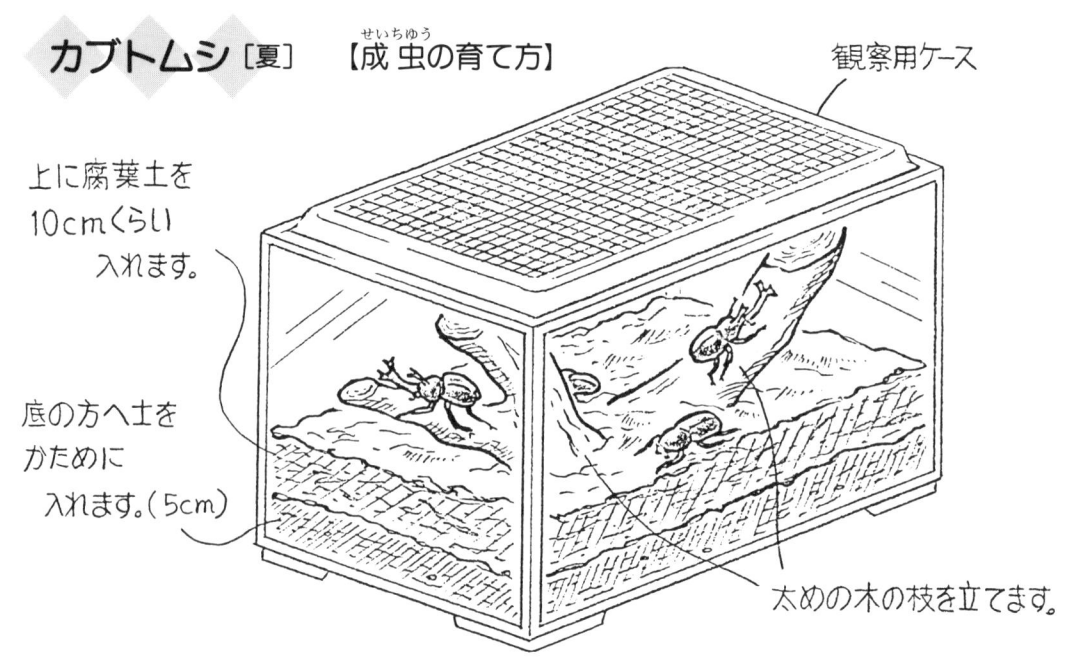

上に腐葉土を10cmくらい入れます。

底の方へ土をかために入れます。(5cm)

太めの木の枝を立てます。

えさは……

りんご，スイカ，メロン，はちみつ
- はちみつを木に塗ってやるのもよいでしょう。
- えさは土の上に置かずにお皿の中に入れます。
- ガーゼに砂糖水をふくませ，お皿にのせてやってもよくなめます。
- 腐葉土が乾いてしまわぬように，きりふきでときどき湿らせます。

増やすには……

- オスとメスの成虫を飼います。一つの観察ケースにオス1匹，メス2匹ぐらいが適当です。
- メスが土の中にもぐるようになると産卵の始まりです。卵は白いピンポン玉のようで，直径3mmほどです。1匹のメスが30個ぐらいの卵を産みます。
- 卵は15日ぐらいで幼虫になり，来年まで腐葉土を食べて過ごします。

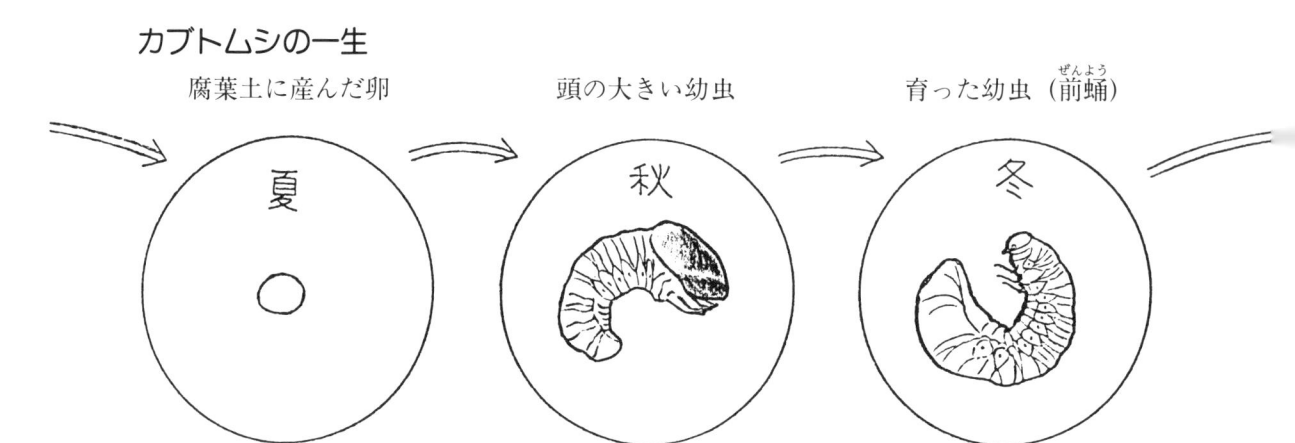

カブトムシの一生

腐葉土に産んだ卵　　　　頭の大きい幼虫　　　　育った幼虫（前蛹）

夏　→　秋　→　冬

スクール・フィーディング（学校の飼育活動）

【幼虫の育て方】

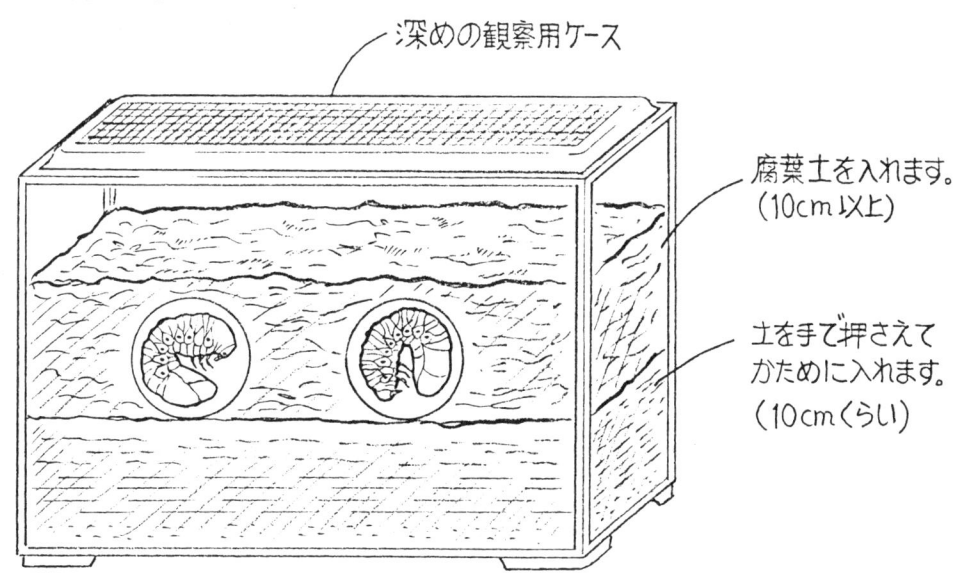

- 深めの観察用ケース
- 腐葉土を入れます。（10cm以上）
- 土を手で押さえてかために入れます。（10cmくらい）

観察ケースの土は

- 幼虫は腐葉土をたくさん食べるので十分に入れておきます。
- 幼虫の数は2～3匹ぐらいが適しています。
- 成虫になるまで出して見るようなことはやめましょう。
- ふんがたまったらきれいに取りさりましょう。

ケースを置く場所は

- 日の当たらない涼しい所を探して置きましょう。
- 湿り気はあまりいりませんが，乾いたらきりをふいておきます。
- ふたは，しっかりしめるように気をつけましょう。

春：さなぎになる。オスは角がわかる。

初夏：脱皮して成虫になる。羽だけ白い。（羽化）

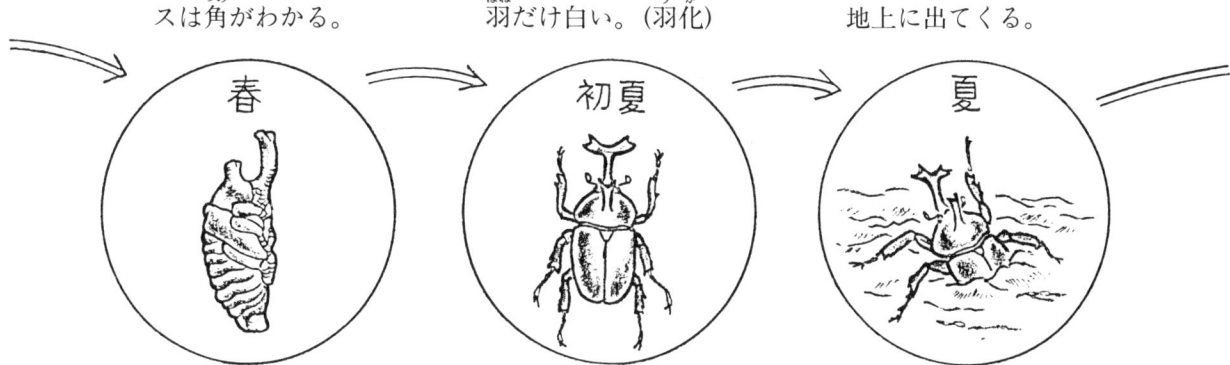

夏：地上に出てくる。

ダンゴムシ ［春〜秋］

ダンゴムシは，日陰の落ち葉の下や古い木材が積まれている下，庭の植木鉢の下などをすみかにしています。

家のまわりで簡単に見つけられます。探してみてください。

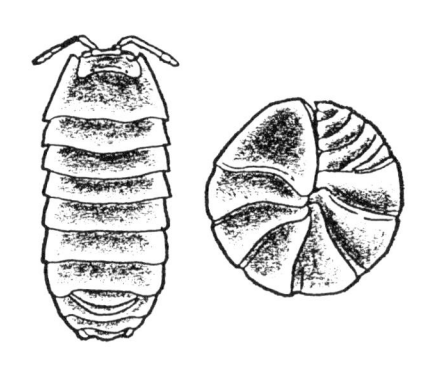

ダンゴムシ

飼い方は……

・ダンゴムシを飼うには，口の広い，あまり深くないビンか，観察用ケースの小さい物を使います。

ガーゼか水切り用のネットでふたをする。

砂を少し混ぜた土を5〜6cmぐらいの深さに入れます。

・驚いたり，触わられたりするとまるくなって動かなくなります。
・メスは，自分の腹の下に卵をかかえています。子どもの虫になるまで腹の下で育てます。

足の間で卵を育てる

えさは……

腐葉土，落ち葉，にぼし，きゅうり

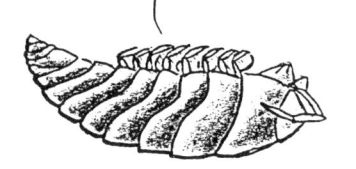

置く場所は

・直射日光が当たらない所へ置きます。

スクール・フィーディング（学校の飼育活動）

アリ［春〜秋］

アリの仲間は，女王アリ，オスアリ，働きアリなど，それぞれに役割を持って生活しています。女王アリは，卵を産み続けます。オスアリは，ある時期にだけ産まれます。4枚の羽を持って5〜6月ごろに空へ飛び出し，女王アリと空中で交尾（こうび）します。働きアリはメスで，卵や幼虫の世話をしたり，外敵（がいてき）から巣（す）を守ります。

飼い方は……

- 広口ビンに少し湿っているぐらいの土を入れます。
- まわりの黒い紙は巣のようすを見るときは取れるように巻きます。
- アリを集めるには，あめ・砂糖などを巣の近くに置きます。
- 同じ巣の仲間のアリを集めるようにします。
- ビンの中にえさを置き，集めたアリを入れます。
- 2〜3日は，日の当たらない所にそっとしておきます。
- 観察が終わったら，寒くなる前に自然に帰してあげましょう。

ガーゼか水切り用のネット

湿った土

黒い紙で巣を作る所が暗くなるようにおおいます。

えさは……

砂糖やあまいお菓子（かし）の類，死んだ虫，りんごのかけら

アリのからだの変化

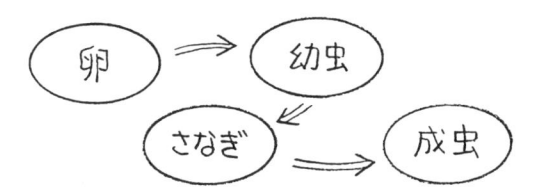

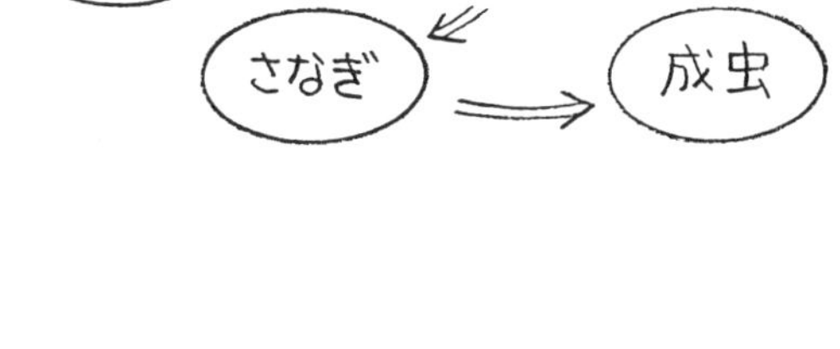

卵 ⇒ 幼虫 ⇒ さなぎ ⇒ 成虫

アブラムシからみつをもらうアリ

2. 池や沼の生きものを育てるには

池や沼にすむ生きものの多くは水温の変化に強く，水槽でも元気に育ちます。生きたえさを食べるものには工夫が必要です。

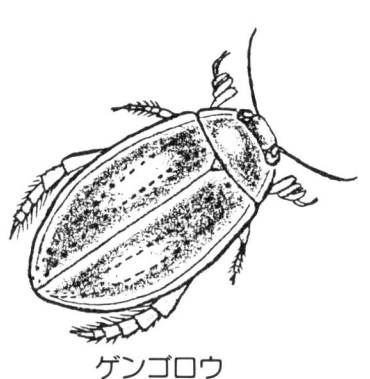

ゲンゴロウ [夏]

（水槽図：ふたをする、エアポンプ、かくれ場所、砂 2〜3cm（熱湯で消毒））

ゲンゴロウ

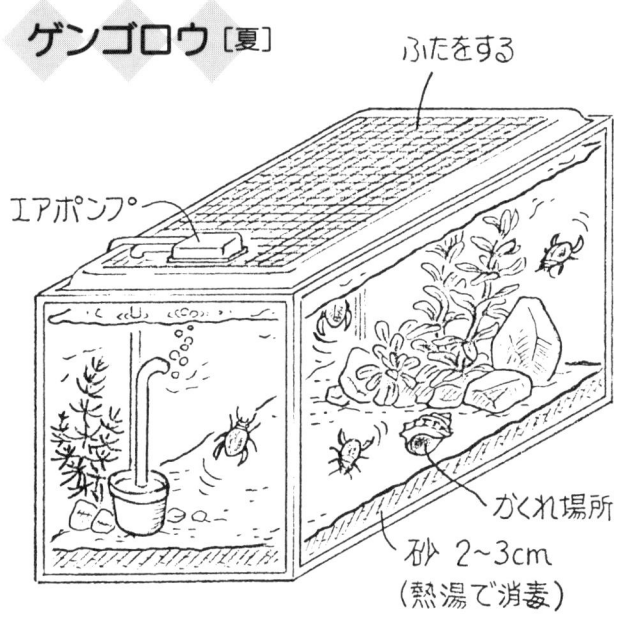

飼い方

- 水槽は日の当たる場所に置きます。
- 飛び出すのでふたを忘れずにします。
- えさの食べ残しで水が汚れやすいので，水かえは早めにします。
- 残ったえさは取り出してすてます。

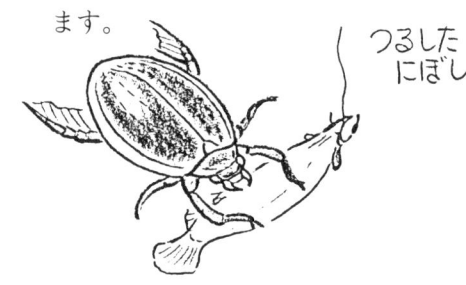

えさは……

- えさは多く与えすぎないように気をつけます。
- にぼし，おさしみなどは糸につるして与えます。
- イトミミズ，アカムシは熱帯魚屋にあります。メダカ，オタマジャクシなども食べます。

呼吸の仕方

- おしりを水面に出して空気を取り込み呼吸します。

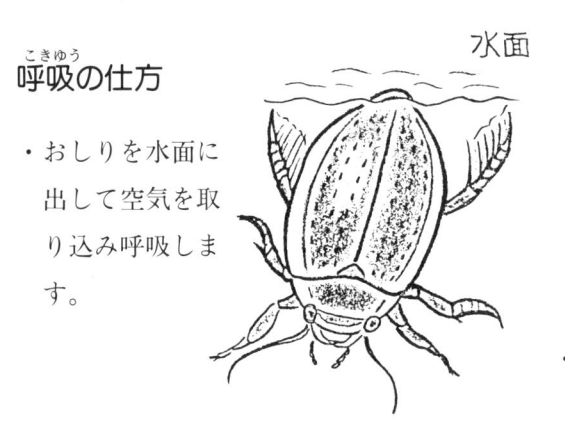

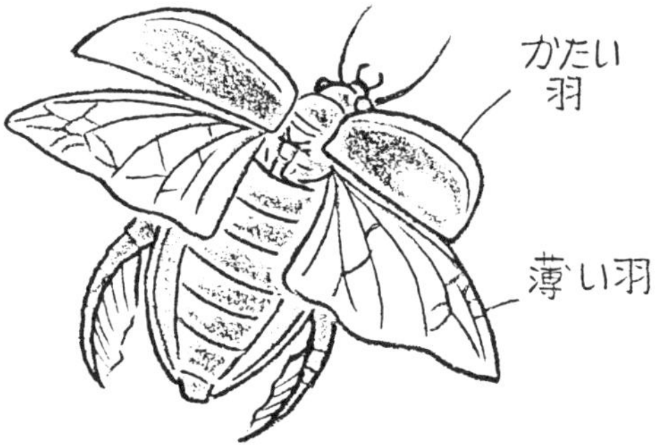

（図：つるしたにぼし）

- えさを前足で押さえ，大きなあごで魚を食べます。

（図：かたい羽、薄い羽）

- 前羽（かたい羽）を開き，後羽（薄い羽）ではばたいて飛びます。

スクール・フィーディング（学校の飼育活動）

◆◆◆ ヤゴ［夏］ ◆◆◆

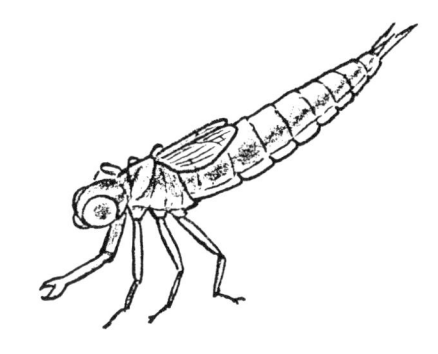

ヤゴはトンボの幼虫です。トンボの仲間は，どれも水の中で幼虫のときを過ごします。7～14回もの脱皮を繰り返して大きくなり，トンボになります。

水中のヤゴ

すむ場所は……
トンボの種類によってすむ場所は少し違いがあります。

- 池や沼，川などの水草の根元や茎の間を探してみましょう。
- 水の中の石の間や下を探してみましょう。
- 水底のどろの中を探してみましょう。

ヤゴの呼吸
- ヤゴは，魚と同じようにえらで水の中の酸素をとらえて呼吸をしています。

飼い方は……
板の上にエアポンプ
羽化のための棒
石の間のかくれ場所
砂（熱湯で消毒）2～3cm

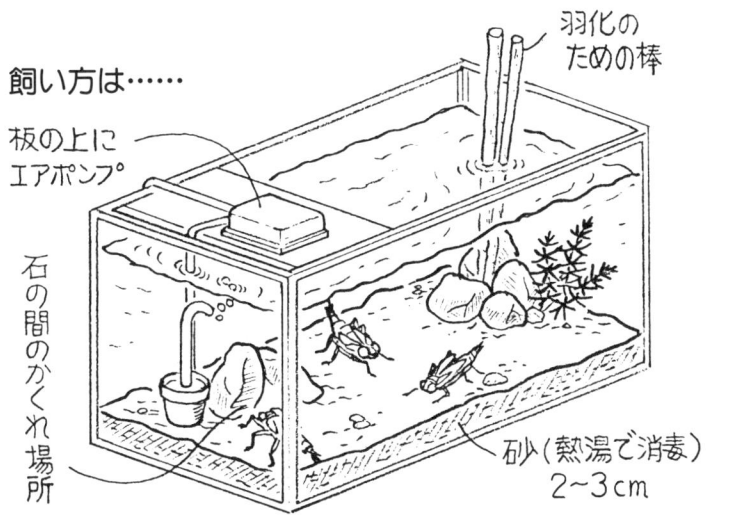

- 水槽は半分日が当たるような明るい場所に置きます。

えさは……
- イトミミズやアカムシを与えます。熱帯魚屋で売っています。メダカやオタマジャクシなども食べます。
- 水の汚れに気をつけましょう。

トンボの一生
- 水面に卵を産みつけます。
- ヤゴになって水中で生活します。
- 羽化してトンボになります。

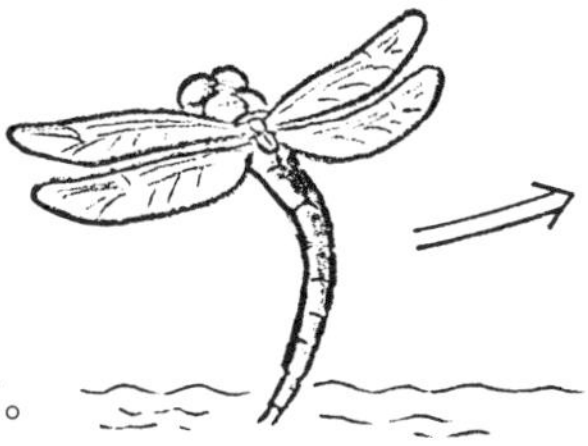

メダカ [1年中]

　小川の流れのゆるやかな所では、水面をなん匹も群(むれ)を作って泳いでいます。黒っぽい体の色をしています。
　ペットショップや金魚屋などで見かけるオレンジ色のメダカは、野生のメダカを美しく改良した品種でヒメダカです。

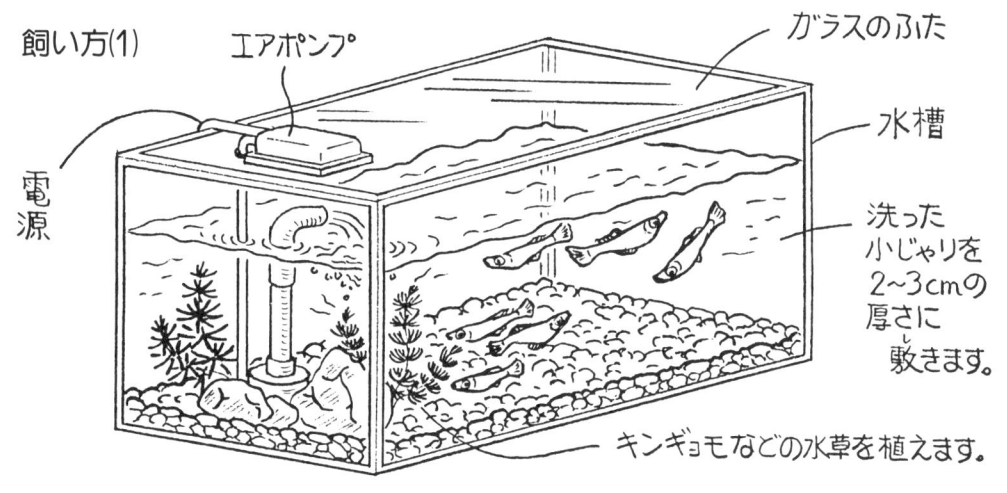

メダカの群

飼い方(1)　エアポンプ　ガラスのふた　水槽　洗った小じゃりを2〜3cmの厚さに敷きます。　電源　キンギョモなどの水草を植えます。

・水は、くみ置きして1日ぐらい日光を当てたものを使います。
・水草は、メダカが卵を産みつけられるように多めに入れます。
・夏は、日光の当たらない所に置きます。冬は、ヒーターを入れて暖(あたた)めましょう。

えさは……

　イトミミズ、アカムシなど、メダカ用の粉えさもペットショップで売っています。
　えさの残りは取って水が汚れないように気をつけます。

卵を産んだら……

　卵が水草に産みつけられたら、別の容器に移します。水は、水槽の中の水を分けて使います。

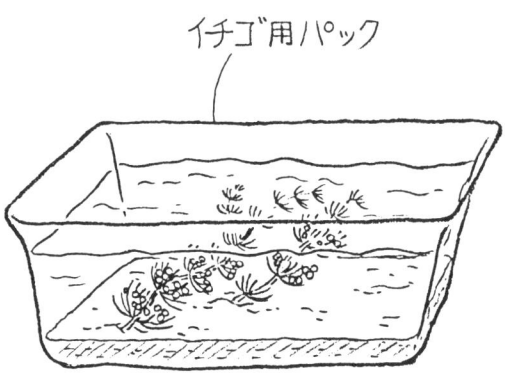

イチゴ用パック

スクール・フィーディング（学校の飼育活動）

メダカのオスとメスの見分け方

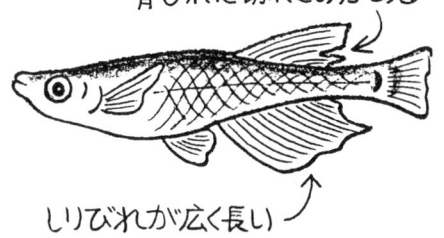

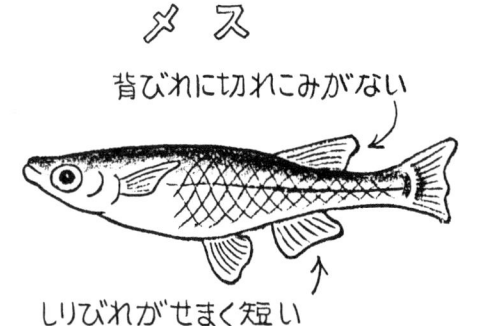

オス
- 背びれに切れこみがある
- しりびれが広く長い

メス
- 背びれに切れこみがない
- しりびれがせまく短い

飼い方(2)

- メダカは，春から夏にかけて2～3回ぐらい産卵します。
- 卵はメスがしりびれにぶらさげて，水草につけます。
- 1回に産む卵は数粒から多いときは数十粒も産みます。
- 10～12日でふ化します。3カ月ぐらいでおとなになります。

メダカのえさの食べ方

- メダカの口はアゴが出ているので水面に浮くえさは食べやすいですが，水の底に落ちたえさは水中で逆立ちするようにして食べます。

メダカの泳ぐ方向

- 水の流れに逆らって泳ぎます。

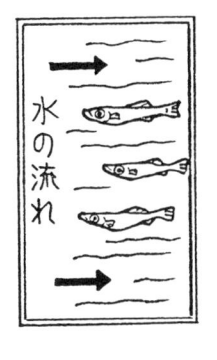

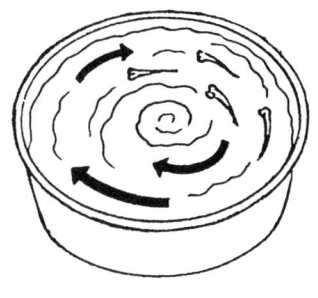

洗面器の中のうず巻に逆らって泳ぎます。

メダカの一生

卵が産まれます。

卵の中で動きます。

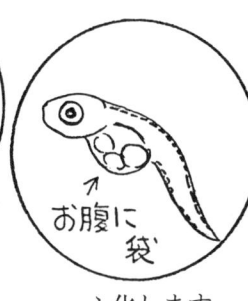

お腹に袋
ふ化します。

小さいが形はメダカ
ふ化して1週間。

ザリガニ ［春～秋］

普通に見られるザリガニはアメリカザリガニです。日本に古くからすむザリガニは秋田県にいますが天然記念物になっています。

飼い方は…

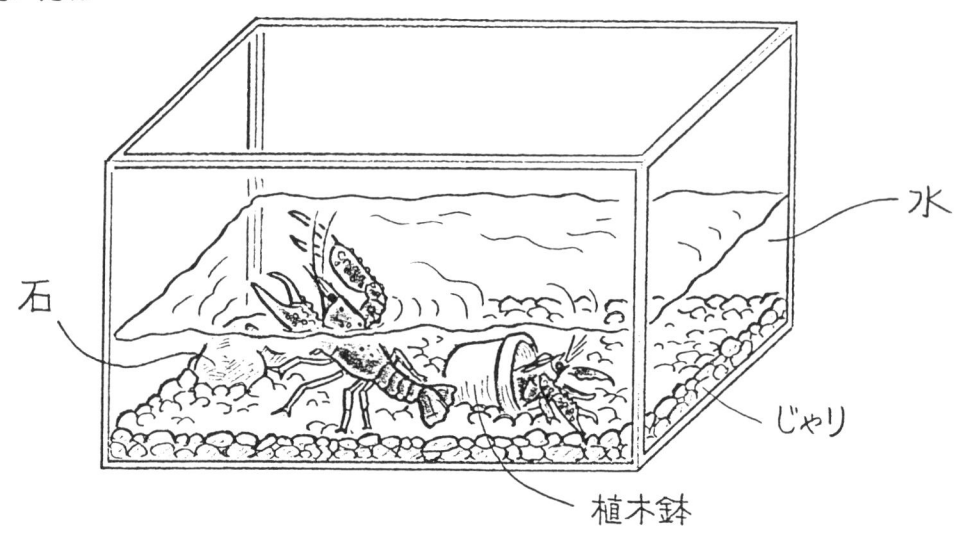

（図：水槽　石・水・じゃり・植木鉢）

- 洗ったじゃりを水槽の底に2～3cmの深さに敷きます。
- 水は，夏は10cmぐらいの深さ，冬は20cmぐらいの深さに入れます。
- 植木鉢かブロックのかけら，木の枝などでかくれる場所を工夫して作ります。
- 石を入れて，水槽の半分ぐらいが陸になるようにします。
- 水が汚れないように気をつけ，ときどき水をかえてやります。

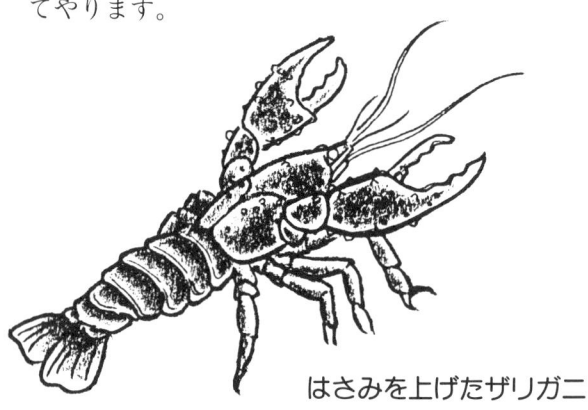

置く場所は……

日当たりのよい場所が適していますが，夏は水温が高くなりすぎないように場所を考えましょう。

はさみを上げたザリガニ

えさは……

・魚の肉，パンくず，にぼし，貝，熱帯魚のえさ，野菜など，なんでも食べます。
・えさはザリガニがはさめる大きさに切って与えましょう。
・多くやりすぎないように気をつけましょう。残ったえさは，スポイドで吸い取ったり，ピンセットなどで取り出します。

【ザリガニのからだの仕組み】

歩く足

・ザリガニは2本の大きなはさみと歩くのに使う8本の足を持っています。
・前の足4本の先には小さなはさみがついています。
・この小さなはさみは，触角（しょくかく）やからだをきれいにするのにも使います。

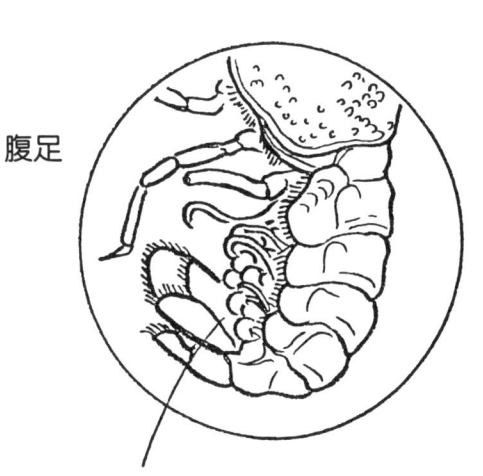

腹足

腹足にかかえこまれている卵

【ザリガニの一生】

卵

・春から秋にかけて400～500個ぐらいの卵を産みます。
・卵はメスの腹足でしっかり守られています。

糸のようなもので腹足にからみついています。

・2週間ぐらいで小さなザリガニがふ化して，親の腹足にしっかりつかまっています。
・1週間ぐらいで腹足から離（はな）れ，動きまわります。
・脱皮―ザリガニは成長するにつれて，自分の皮をぬいでいきます。観察してください。

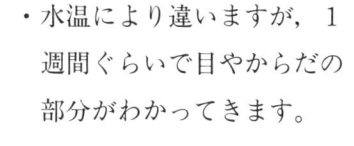

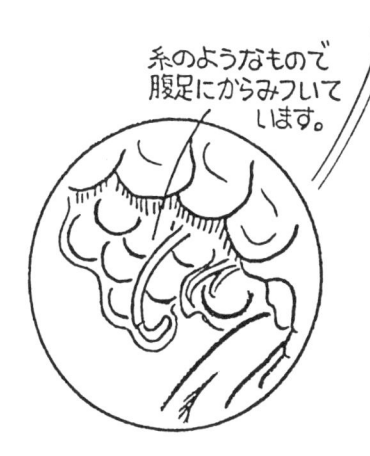

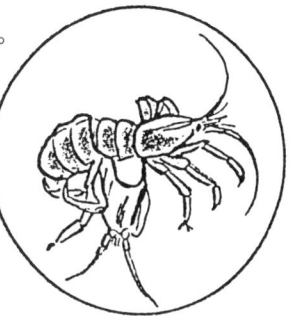

・水温により違いますが，1週間ぐらいで目やからだの部分がわかってきます。

オタマジャクシ［春］

オタマジャクシはカエルの子ですが，親ガエルの種類によってからだの大きさや色に違いがあります。

飼い方は……

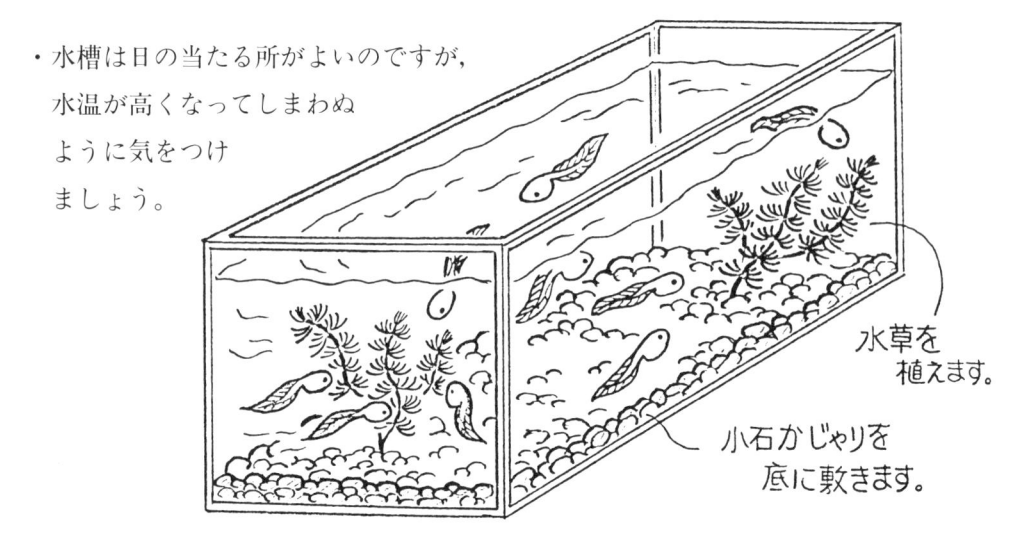

- 水槽は日の当たる所がよいのですが，水温が高くなってしまわぬように気をつけましょう。

水草を植えます。
小石かじゃりを底に敷きます。

- 水は1日ぐらいくみ置きして日光を当てたものを使います。
- 水草は，水中の酸素を補うだけでなく，オタマジャクシのえさにもなります。
- 水は汚れに気をつけ，ときどき取りかえます。

後ろ足が出てきたら……

- 水を少し減らして，大きめの石を入れて島を作ります。
- 島はカエルになったときに上がれるような石を工夫して置きます。
- 水槽は直接日の当たらない所に移します。

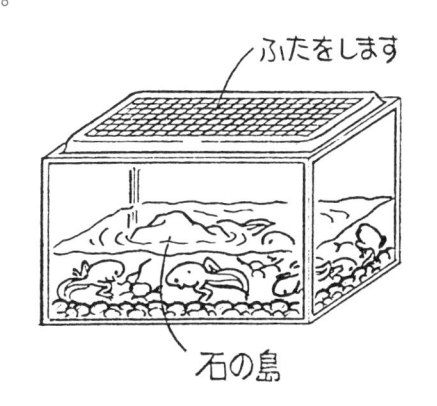

ふたをします
石の島

オタマジャクシのからだ

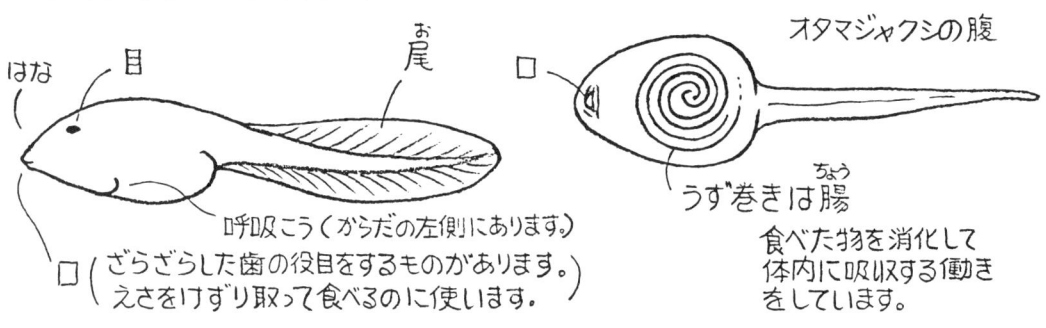

はな　目　尾
呼吸こう（からだの左側にあります）
口（ざらざらした歯の役目をするものがあります。）
えさをけずり取って食べるのに使います。

オタマジャクシの腹
うず巻きは腸
食べた物を消化して体内に吸収する働きをしています。

スクール・フィーディング（学校の飼育活動）

オタマジャクシのえさ

・えさは1日に1回与えます。残さないように，少ない量を与えてようすを見ます。
・残ったえさは取り出してしまいます。
・えさは，パンくず，ごはんつぶなど。後ろ足が出てきたら，けずりぶしやにぼし，魚の身などを与えます。
・前足も出て，尾がなくなったらカエルになったのです。カエルは生きた虫やミミズなどを食べます。
・飼うのが難しくなったら自然に帰すようにしましょう。

オタマジャクシの呼吸とカエルの呼吸

・オタマジャクシ

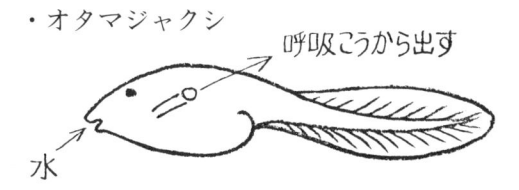

口から水を吸い込みエラで呼吸しています。

・カエル

鼻から空気を吸い，肺で呼吸をしています。

カエル──卵──オタマジャクシ

トノサマガエル

ヒキガエル

ヒキガエルの卵とオタマジャクシ

3. 水生生物を育てるには

　水生生物を飼うには，特にその生きものがすんでいた場所に近い環境を作るように気をつけます。水温も15～25度ぐらいまでが適当です。

サワガニ［夏］

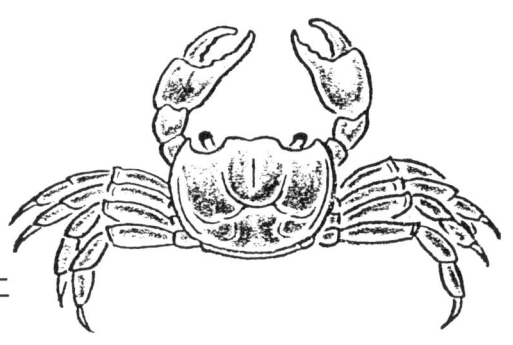

サワガニ

飼い方は……
- 水槽は日の当たらない所に置きます。
- 熱湯で消毒した石，小石，荒い砂，砂を入れます。
- 陸地を少し残して水を入れます。
- 石や朽葉でかくれ場所を作ります。
- 水温や水の汚れに気をつけます。

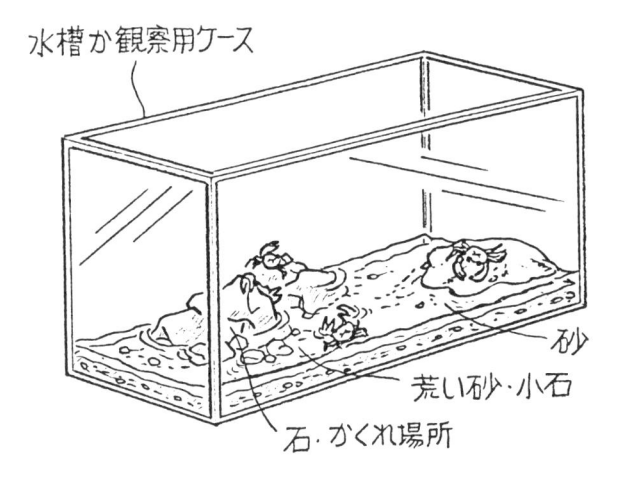

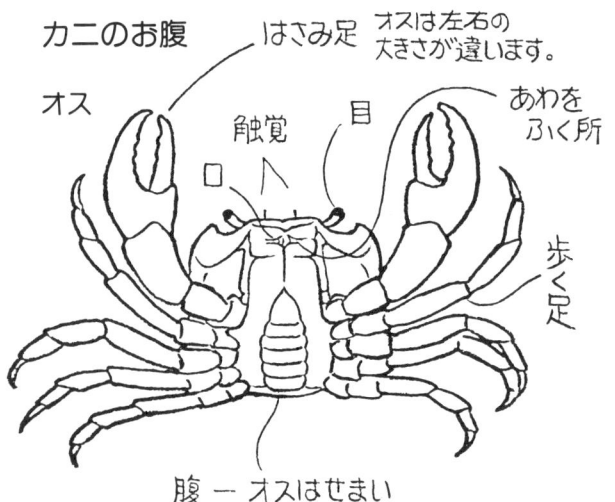

水槽か観察用ケース

砂
荒い砂・小石
石・かくれ場所

えさの与え方

- 雑食でなんでもよく食べます。
- 夜行性ですが，なれると昼間でもえさを食べます。
- えさは1日1～2回。多く与えすぎないように気をつけましょう。
- えさは，野菜のくずを細かくしたもの，ごはんつぶ，にぼし，けずりぶしなどを与えます。

カニのお腹　　オスは左右の大きさが違います。
はさみ足

オス
口　触覚　目　あわをふく所
歩く足
腹 — オスはせまい

メス

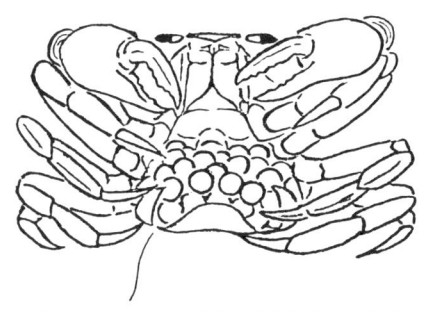

メスは，20～70個の卵を産みます。

スクール・フィーディング（学校の飼育活動）

◆エビ [春～夏]

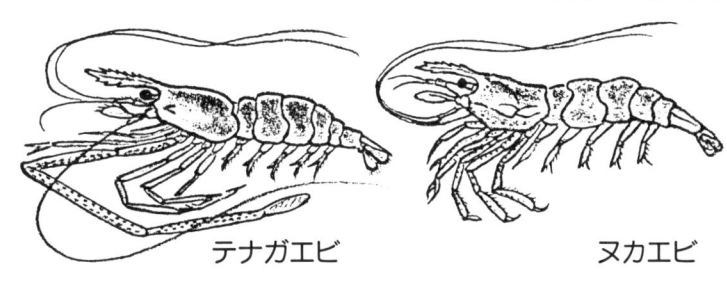

池や沼，小川などの岸辺にはエビの仲間がいます。ヌカエビ，テナガエビ，スジエビなどを探してみましょう。

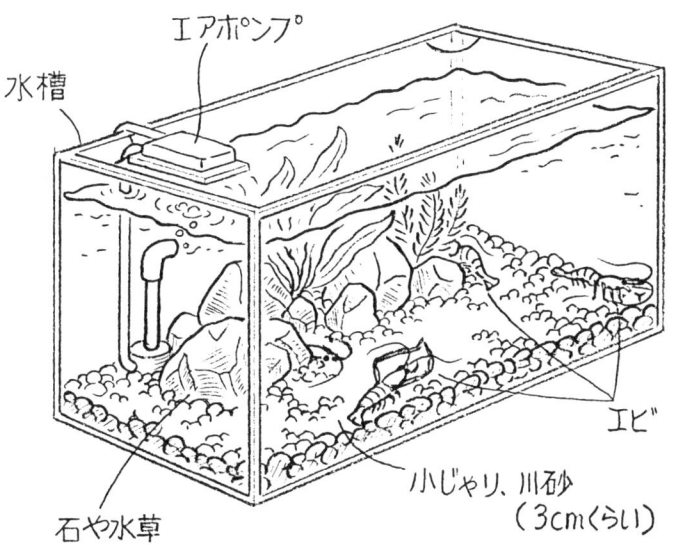

テナガエビ　　ヌカエビ

エアポンプ
水槽
石や水草
小じゃり，川砂（3cmくらい）
エビ

飼い方は……

・石や砂は熱湯で消毒して入れます。
・水は1日くみ置きしたものを使いましょう。
・石・水草などでかくれ場所を作ってやります。
・水温が高くなりすぎたり，えさの食べ残しで水が汚れないように気をつけ，いつもきれいな水にしておきます。
・水槽は，日の当たらない場所へ置きましょう。
・メダカ，ドジョウなどと一緒に飼うこともできます。

えさは……

・金魚のえさや熱帯魚用の配合飼料（しりょう）を与えます。
・熱帯魚用のフレーク状の飼料もよいです。

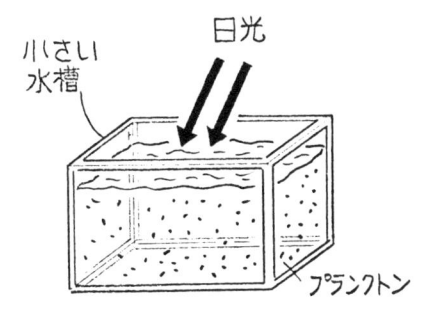

◆淡水プランクトン [春～秋]

・ミジンコの仲間は，池や沼などの水中にいます。

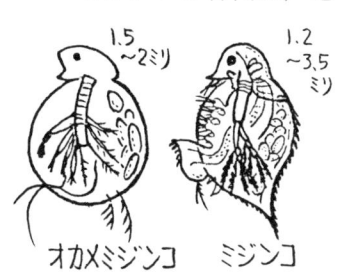

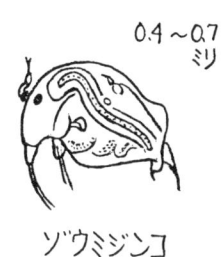

日光
小さい水槽
プランクトン

オカメミジンコ　1.5～2ミリ
ミジンコ　1.2～3.5ミリ
ゾウミジンコ　0.4～0.7ミリ

・プランクトンネットか古くなったパンティストッキングで網を作りすくいます。
・コップ，小さい水槽などに入れ，虫めがねで観察しましょう。
・えさは1日1回，けずりぶしを与えます。

77

4. 小動物を育てるには

ハムスター

飼い方は……

- 専用の飼育箱でなくても、観察ケースのようなふたのしっかりできるものを使います。

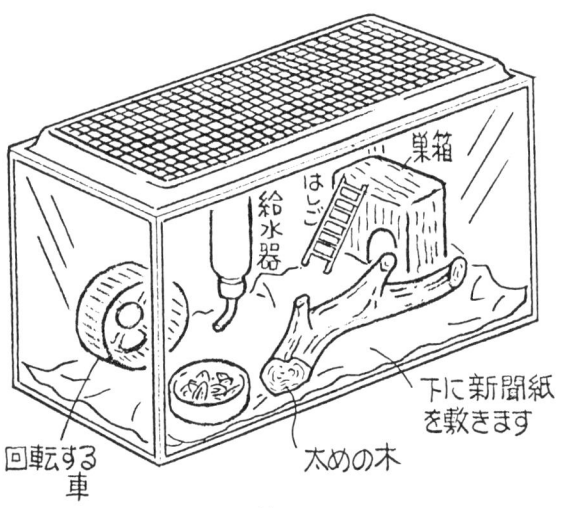

ハムスターの赤ちゃん

巣箱　はしご　給水器　回転する車　太めの木　下に新聞紙を敷きます

- ハムスターは、狭（せま）い場所に入れるとストレスを起こしやすいので、回転する車やはしごを入れて運動をさせます。
- 巣箱は、ブンチョウ用のものがよい大きさなので利用できます。
- えさ入れは、小鳥用の水入れを使うと、かじられずに使えます。
- 太めの木は、歯が伸びてくるのでそれを防ぐためにかじらせます。
- 給水器の水は、いつも切らさないように気をつけましょう。

- 抱くときには、首の後ろをそっとつまみあげます。
- ハムスターは神経質な動物ですから突然（とつぜん）触られると驚いて、かみつくことがあります。
- 新聞紙は、1日1回はきれいなものに取りかえましょう。
- 飼育箱の中は、ふんや尿（にょう）などですぐに汚れてしまいます。1日おきぐらいに掃除をして、清潔にしておきます。

気をつけよう　安全のために　ハムスター、リス、マウス、モルモット、ウサギなどは、驚いてかみつくことがありますので、注意してください。かみつかれたら必ず消毒しましょう。

スクール・フィーディング（学校の飼育活動）

・ハムスターは夜行性なので日中はあまり活動しません。

巣箱は日の当たらない所に置きましょう。でも，寒い所も嫌いです。

・日中は，まるくなってよくねむっています。

えさは……

- 雑食性でなんでもよく食べます。
- 1日に1～2回与えますが多すぎないように気をつけます。
- えさが多いとその分は巣へ運んでためておく習性があります。
- 野菜は人が食べるよりも少し大きく切って与えます。
- あまったえさは，腐る前に取り出しておきます。

えさのいろいろ

ひまわりの種，とうもろこし，なたね，こむぎ，にぼし，さつまいも，にんじん，キャベツ，はくさい，ハムスター用固形飼料，チーズ，牛乳など

増やすには……

- ハムスターは2カ月程で大人になり，子どもを産むことができます。
- 子どもを産ませるには，オス，メスを一緒の飼育箱に入れ，交尾をしたら別の飼育箱に移します。
- メスの飼育箱にティッシュペーパーや新聞紙の細長く切ったものを入れておきます。
- 16日ぐらいで赤ちゃんが産まれます。巣を薄暗くしておきます。

病気に注意

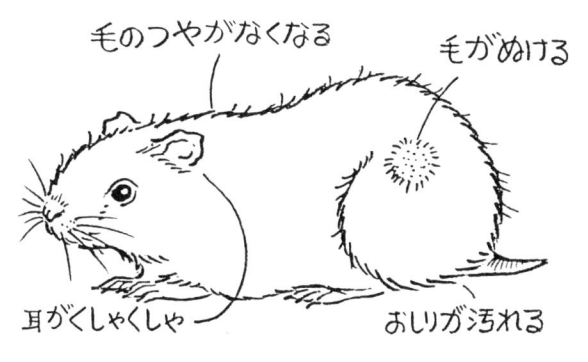

毛のつやがなくなる
毛がぬける
耳がくしゃくしゃ
おしりが汚れる

- 毎日の観察で，ようすのおかしいときには，獣医（じゅうい）さんに相談します。
- 病気に強い動物ですが，下痢（げり）を起こしたり，カゼをひいたりもします。気管支炎（きかんしえん）や肺炎（はいえん）を起こすこともあります。清潔に気をつけて世話をしましょう。

リス

シマリスは，とても活動的で人にもよくなれます。なれるとえさを手から食べるようにもなります。

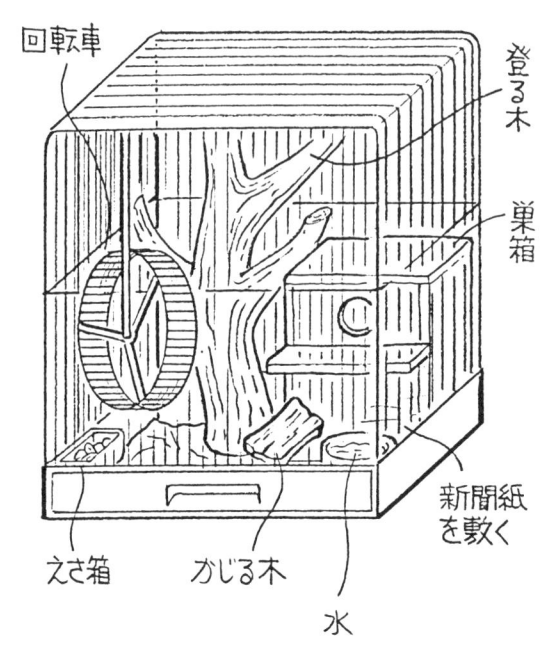

(図：リスの飼育ケージ　回転車，登る木，巣箱，新聞紙を敷く，水，かじる木，えさ箱)

タイワンリス

えさのいろいろ

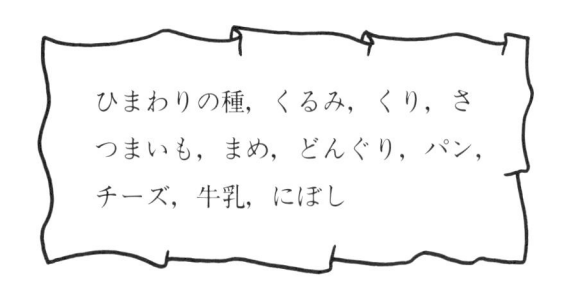

> ひまわりの種，くるみ，くり，さつまいも，まめ，どんぐり，パン，チーズ，牛乳，にぼし

掃除は……

- 1日おきに食べ物のかすやふんの始末をして，新聞紙を取りかえます。
- 引き出しや水・えさ箱などは，ときどき熱湯をかけて消毒しましょう。

飼い方は……

- リス用の金網カゴか，小鳥用の四角金網で引出し式のものを使います。
- 巣は，リス用のものもありますが，インコ用の巣箱が利用できます。
- 巣の底に新聞紙の細かく切ったものを敷いておきます。
- 夏は風のよく通る涼しい所，冬は日当たりのよい暖かい所に巣箱を置きます。
- ときどき日光浴をさせ，骨の病気にかからぬよう気をつけます。
- 毎日新しい水を与えましょう。

子どもを増やすには……

- 2～3月ごろ，オスとメスを入れて，ようすを見ます。
- メスがオスを避けるようになったらオスを出し，新聞紙の細かく切ったものを入れてやります。
- 巣作りが始まったら，のぞいたりせず静かに見守りましょう。

スクール・フィーディング（学校の飼育活動）

マウス

マウスはヨーロッパ産のハツカネズミを改良して家畜にしたものです。体が白く目が赤いものや体は灰色で目が黒いもの，全身が黒いもの，白と黒のまだらのものなど毛色はいろいろです。体は7～8cmと小さく弱いので環境が悪いと長生きしません。

マウス

飼育箱
回転車
えさ箱
巣箱（ブンチョウ用を使う）
新聞紙を敷きます
かじる木
水

飼い方は……

- 直射日光の当たらない所に飼育箱を置きます。
- ときどき短い時間だけ日光浴をさせます。
- 1日おきに新聞紙を取りかえ，食べ残しやふんをきれいにします。
- 子どもを増やすには，カゴなどではなく，ブンチョウ用の巣箱を使います。
- ハムスターと同じように飼育します。

- オス，メスで飼育し，交尾したら，新聞紙やティッシュペーパーの細かく切ったものを入れてやります。
- マウスを持つときは，お腹をそっとつかんで持ち上げます。
- 子育て中は，巣を動かさずにそっとしておきます。

えさは……

- 1日約10gぐらい。
- とうもろこし，さつまいも，こむぎ，かいわれだいこんの葉，だいこん，にぼしなどを与えます。

マウスののみような前歯

5. 小鳥を育てるには

ジュウシマツ

ジュウシマツは，小鳥の中でも飼いやすく何羽いても仲よく生活します。ひなを育てることも上手です。

飼い方

ジュウシマツ

- カゴでも飼えますが，繁殖させるには庭籠が適しています。
- 庭籠は，三方が板で囲まれていて一方だけが金網になっています。小鳥が安心して卵を抱いたり，ひなを育てることができます。
- 棚の上につぼ巣を動かぬように取りつけます。
- 掃除は引き出しを出してしますが，とまり木や棚もきれいにしましょう。

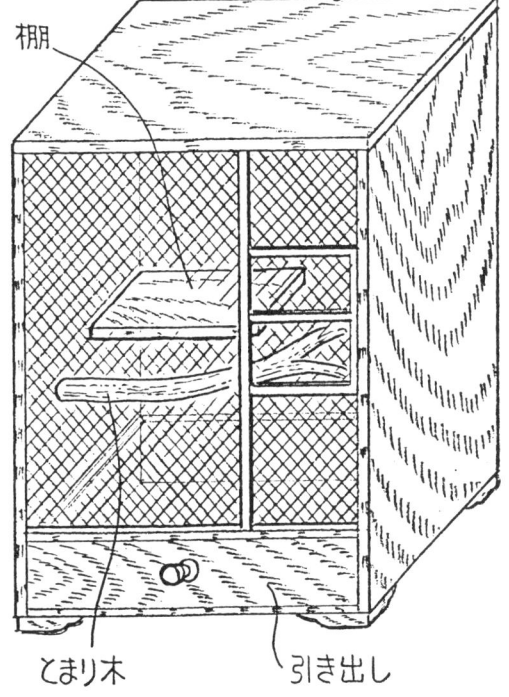

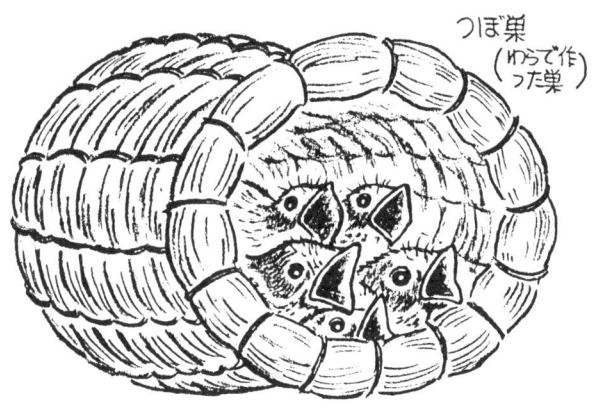

ジュウシマツ用の小さい庭籠（飼育箱）

つぼ巣（わらで作った巣）

- とまり木は，小鳥によって太さを選びます。真っ直で，小鳥がとまったら足指が少し間があくぐらいのものがよいでしょう。（小鳥屋にあります。）
- 足輪……オス，メスの区別や小鳥の生まれた順などを覚えておくための目印となります。小鳥を買うときに見ておきましょう。ひなには，巣立ってから付けます。
- つぼ巣は，ひなが増えてもよいように大きめのものを用意しましょう。小さいと4〜5羽のひなが生まれると狭くなります。

スクール・フィーディング（学校の飼育活動）

水やえさは……

- 水……水は毎朝必ず新しいものを与えます。ジュウシマツは，水を飲むだけでなく，水浴びをよくします。水がなくならないように気をつけましょう。水浴び用の水と別に自動給水器を置くと便利です。

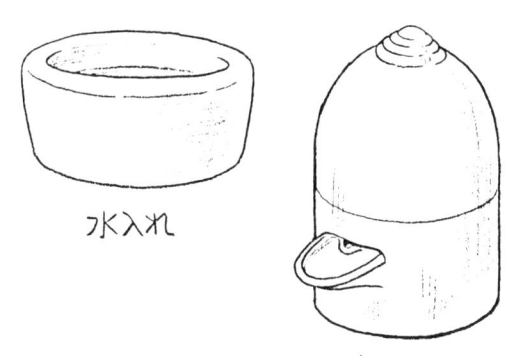

水入れ

自動給水器

- 青菜……はこべや小松菜，はくさい，大根やかぶの葉などよく食べます。量は少なくてよいのですが新しいものを与えましょう。3日に1回ぐらいの割で与えます。水洗いすることを忘れずに。

巣引きの仕方

- 小鳥を繁殖させることを巣引きといいます。
- 庭籠(にわこ)につがいを入れます。
- 金網に巣作り用の巣草（シュロの皮）をつるしておきます。
- 卵は4～5個産みます。3個産むと抱卵(ほうらん)（卵を抱く）を始め，14日ほどでひながかえります。
- 1カ月で親離れします。
- 抱卵している間は，できるだけ静かにして，巣をのぞかないようにします。

- えさは……ひえ，あわ，きびを混ぜ合わせた混合飼料を使います。小鳥屋に売っています。

えさ入れ

- ボレー粉……かきの殻(から)を焼いて粉末にしたものです。カルシウム分をとるために与えます。ジュウシマツは細かい粉末より荒びきしたものを好みます。

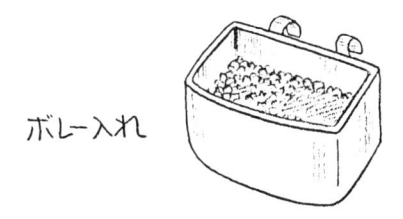

ボレー入れ

- あわ玉……むきあわに生卵をまぶしたもので，栄養飼料です。新聞紙などの上にひろげ，乾いたら手でほぐします。ボレー入れと同じ容器を使って与えます。

掃除について

- 庭籠(にわこ)の中をいつも清潔にしておかないとダニなどが発生するもととなります。毎日ふんの始末や，えさのこぼれたものなどをきれいにしましょう。

小ぼうき

- 庭籠(にわこ)の底に新聞紙などを敷いておくのもよいでしょう。

ふんかきぼう

ブンチョウ

　ブンチョウは，じょうぶで飼いやすい小鳥です。生活力が旺盛で野外でも生きていけます。気が強く，弱い小鳥をいじめますが，人にはなれやすい性質を持っています。

ブンチョウ

飼い方は……

・つがいで飼うには，オス，メスの仲がよいかどうか確めて，気の合うものを選びます。
・庭籠で飼育するには，ジュウシマツより大きいブンチョウ用の庭籠を使い，つぼ巣を棚に固定します。
・同じ庭籠で飼育する場合でもブンチョウ用の巣箱を庭籠の棚に入れて使う人もいます。
・四角金網カゴに巣箱を入れて飼育する方法もあります。

・普通に飼うだけなら，丸カゴや四角カゴにブンチョウ用のつぼ巣を入れて飼うこともできます。

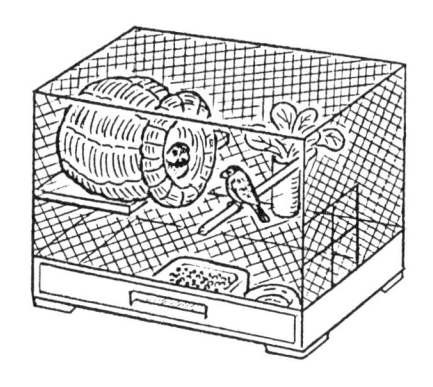

四角金網カゴでの飼育

・ブンチョウ用の巣箱は，下の図のような箱で，つぼ巣のように中をのぞくことはできません。

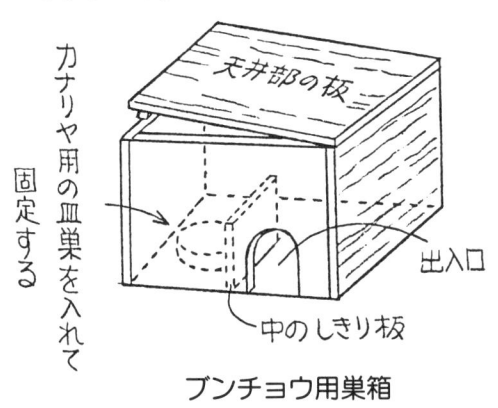

ブンチョウ用の庭籠での飼育

カナリヤ用の皿巣を入れて固定する

天井部の板
出入口
中のしきり板

ブンチョウ用巣箱

えさやりと掃除

- えさはジュウシマツと同じ，ひえ，あわ，きびの混合飼料を与えます。
- 水，青菜，ボレー粉も，きらさないように気をつけて与えます。
- ハコベをよく食べます。
- カゴの中が汚れやすいので，まめに掃除をしてやりましょう。

巣引きは……

- 庭籠(にわこ)，または四角金網カゴにオス，メスのつがいを入れて，発情(はつじょう)飼料を与えます。
- オスが，チクチク，チクチクと首を下げて鳴き，とまり木で軽くはねるような動作を始めたら産卵は間近です。
- 産卵中，巣の中をのぞいたり，巣を動かしたりしないように気をつけます。
- ブンチョウは，神経質で抱卵をやめたり，育雛(いくすう)をやめてしまうことがあるので，静かに見守ります。

産卵から巣立ち

- 成鳥────ひなから6カ月ぐらいで成鳥になります。
- 産卵────メスは7～8月の暑いときを除いて，いつも産卵します。1日1個，全部で5～6個を産みます。
- 抱卵────産卵したら1日だけあわ玉を与えます。
- ふ化────16日でひなが産まれます。
- 育雛────ひなを育て始めたら，しばらく粟玉を与えます。10日目ぐらいで眼が開きます。
- 巣立ち────30日くらいで，親から離れて巣立ちします。

手乗りの育て方

- 手乗りにするには，産まれてから10～15日目ぐらいのひなを巣から出して，フゴに入れ，1～2時間おきに10回ぐらい差し餌(え)を与え，夜は休ませます。
- 羽毛(うもう)がそろったら，ます箱に入れてえさを与えて，手のひらから食べるまで続けます。
- 手の上で食べるように習慣づけます。

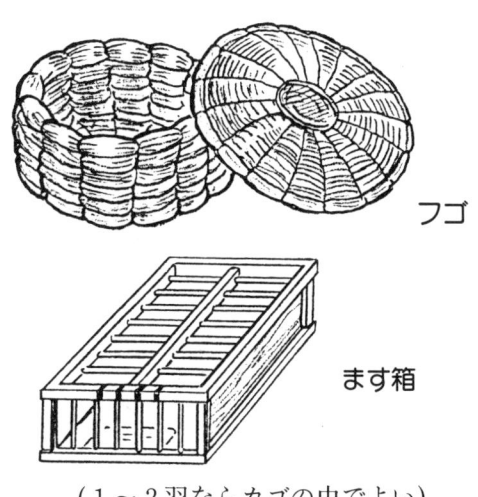

フゴ

ます箱

（1～2羽ならカゴの中でよい）

6. 飼育舎で育てる生きもの

飼育舎のつくり

右の図は，学校で飼っている生きものを一カ所に集めて育てるように作られたものです。骨組みは鉄骨で，しゃれた屋根の飼育舎です。

- 南向きに建てられています。軒の深い庇が夏の直射日光を避け，雨の吹き込みを防いでいます。
- 屋根が高く舎内が明るい上に通風もよくできています。
- 背面の北側と東，西の半間が板張りになっています。
- 北側の一部に物置を付け，えさや器具等を入れる棚があります。
- しっかりした金網の下側には30cm幅のアクリル板が張られ，雨のはねや校庭からの砂ぼこりを防いでいます。

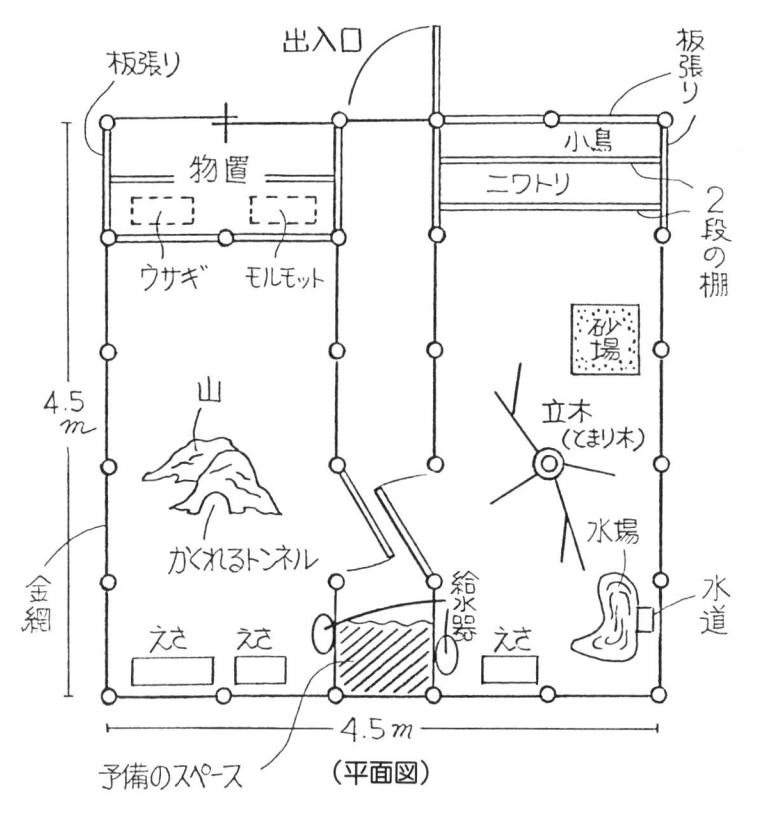

- 扉は外扉と内扉があり生きものが逃げ出さないようにしています。
- 飼育舎の周りのコンクリートの基礎は地下の30cmまで打ってあります。
- ウサギとモルモットの巣箱は，下図のようになっています。

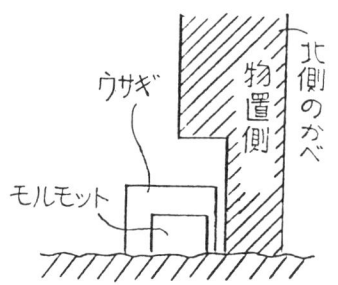

スクール・フィーディング（学校の飼育活動）

- ウサギの運動場の中に重量ブロックを並べただけのモルモット用運動場があります。
- 山の中に土管(どかん)を入れウサギのかくれ場所が作ってあります。
- 舎内の土はウサギが穴を掘ってもよいようにたっぷり入れてあります。

（飼育舎　左側）

ウサギ用／板張り／モルモット用／えさと水／ブロックを並べる／かくれる山／えさ／水

（飼育舎　右側）

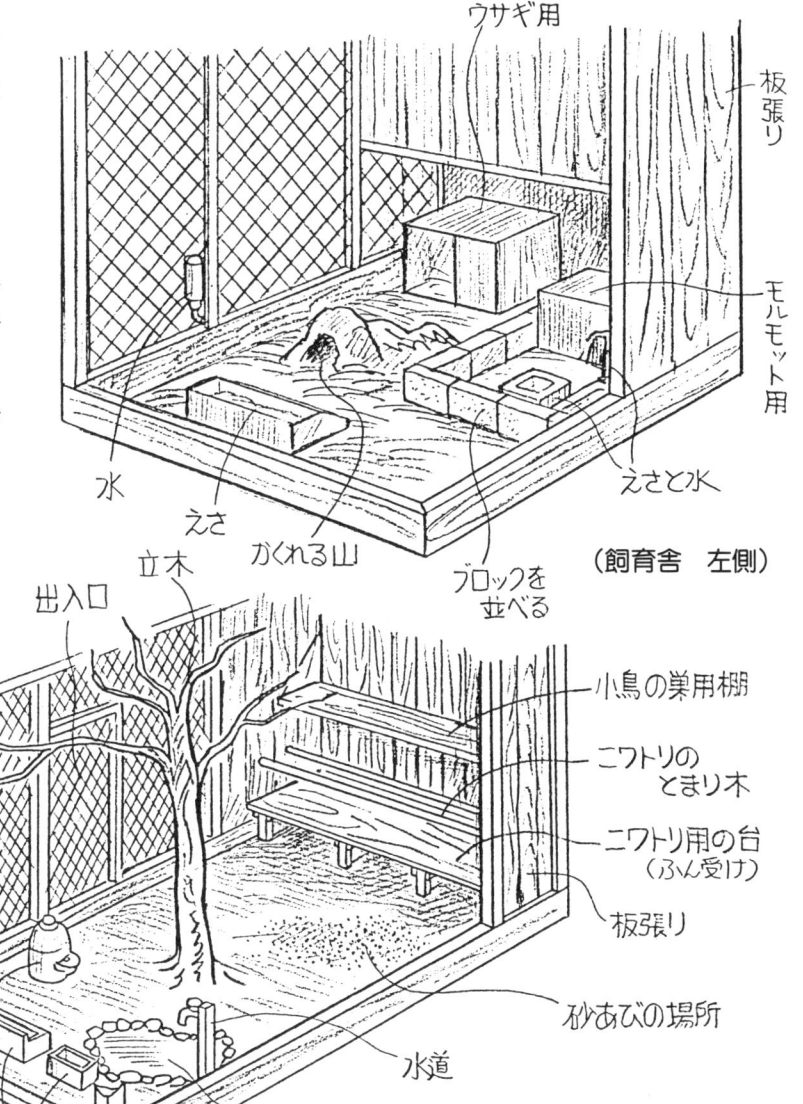

出入口／立木／小鳥の巣用棚／ニワトリのとまり木／ニワトリ用の台（ふん受け）／板張り／砂あびの場所／水道／水場（浅い池）は深さ1〜2cm／えさ箱／給水器／とまり木

- 立木は，枯れた木をきれいにしたものです。枝から枝へ小鳥用のとまり木を渡したり，枝の先にとまり木を取り付けます。とまり木はぐらぐら揺れず，水平になるように付けます。
- 小鳥用棚とニワトリ用棚は右の図のようになっています。
- 大きい飼育舎を紹介しましたが，小さい飼育舎でも飼育する生きものに合った環境作りをすることで，元気に育ってくれます。

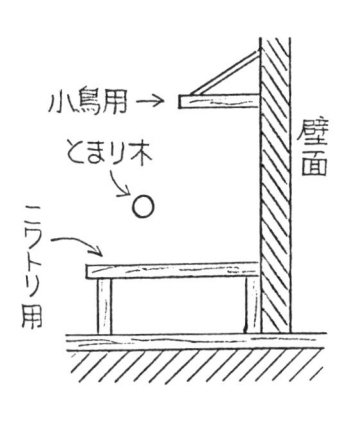

小鳥用→とまり木／ニワトリ用／壁面

ニワトリ

ニワトリは2000年以上も前に中国大陸から入ってきたといわれます。

小屋の作りは……

- 小屋の屋根は，それ程高くなくてもよく，軒下などに続けて作れます。
- 小屋の広さは，2～4m²ぐらいのものなら十分です。
- 冬の寒い風を防ぐよう横と後を板張りにするとよいでしょう。
- 夏の西日にも気をつけ，立木などの影ができるよう考えます。

カツラチャボ

寝屋と運動場が一体となったニワトリ小屋

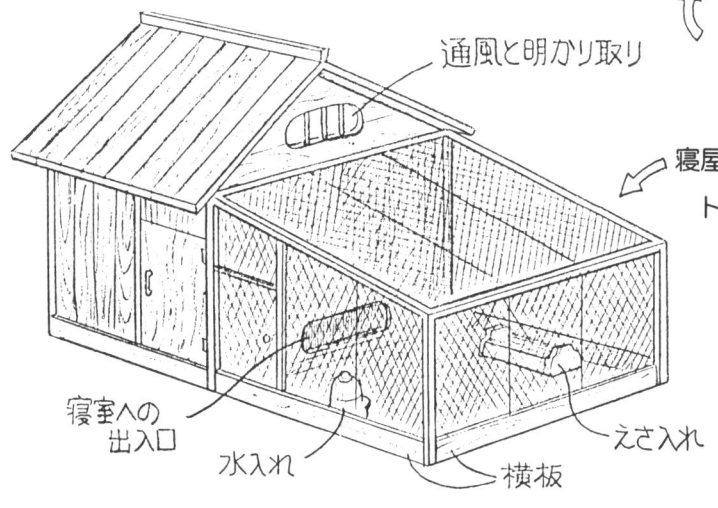

寝屋と運動場が分かれているニワトリ小屋

- 金網は，イヌやネコなどに破られないようなしっかりしたものを張ります。
- 金網の下に横板を張ります。

- とまり木は，床から1mぐらいの高さに取り付けます。
- とまり木の太さは，ニワトリがにぎれる直径3～4cmにし，水平に取り付けます。
- ニワトリのからだが後ろの壁につかないように30cmぐらい離します。
- ふんを受ける板の台を下から20cmぐらいの位置に取り付けます。

スクール・フィーディング（学校の飼育活動）

飼い方は……

- 子どもたちの飼育には，小柄なチャボの仲間や性質のおとなしいナゴヤコーチンが適しています。
- ときには，庭に出してえさを食べさせたり，日光浴や運動をさせます。
- ふんの後始末をしたり，えさ入れを清潔にしておくよう気をつけます。
- 羽に虫がつかないように，ときどき砂浴びをさせます。

ナゴヤコーチン

えさは……

- 小鳥屋やペットショップで売られている配合飼料を使います。
- 青菜類や野菜くずを混ぜて与えます。
- 1日2回，えさを与えますが，水も忘れずに新しくします。

増やすには……

- 現在では，ほとんどふ卵器でふ化させます。抱卵するメスが少なくなっています。
- 卵は21日目にひなになります。
- 3日目からひな用のえさを与えます。

長く鳴き続ける
トウテンコウ
（メス）

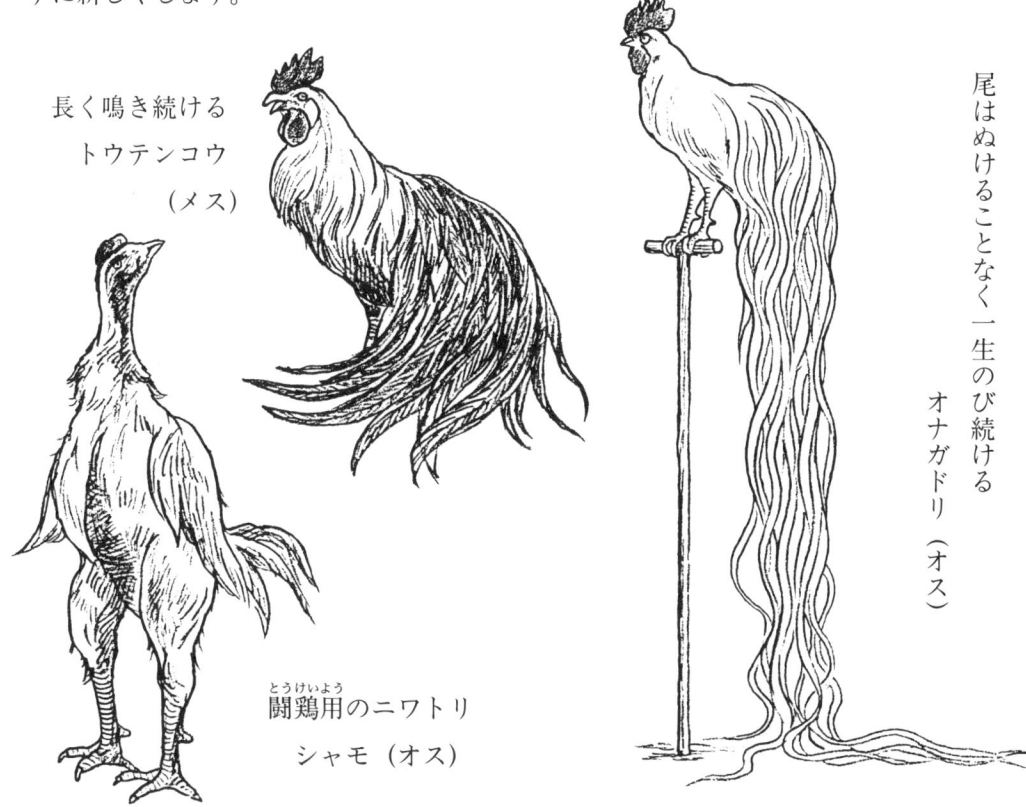

闘鶏用のニワトリ
シャモ（オス）

尾はぬけることなく一生のび続ける
オナガドリ（オス）

89

モルモット

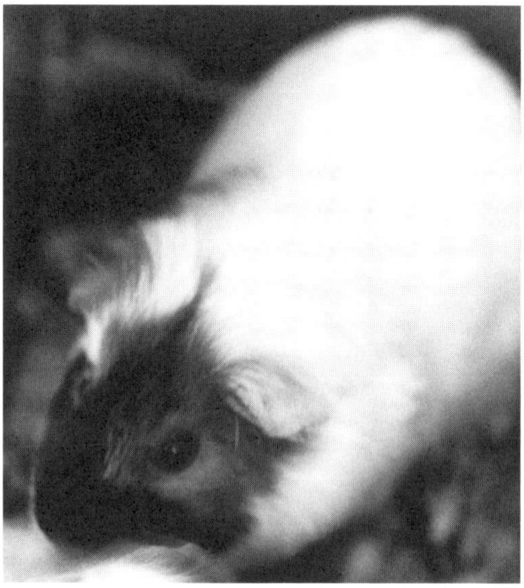

モルモットは，医学用の実験動物として使われています。南アメリカ生まれのテンジクネズミをアメリカ土着（どちゃく）の人たちが飼いならし，改良していったものです。

飼い方は……

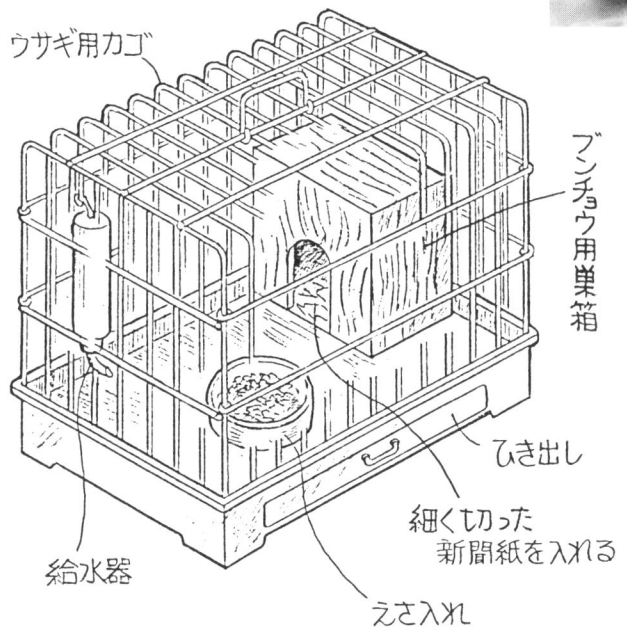

（図）
- ウサギ用カゴ
- ブンチョウ用巣箱
- ひき出し
- 細く切った新聞紙を入れる
- えさ入れ
- 給水器

- ウサギ用の飼育カゴを使います。
- 巣は，ブンチョウ用の巣箱を利用します。
- えさ入れや給水器は，ハムスターやウサギと同じものです。
- 寒さには強い方ですが，暑さには弱いので飼育箱は涼しい所へ置くよう気をつけましょう。
- 給水器の水は，いつも新しい水を入れ，切らさないようにします。
- 湿気には弱いが水はよく飲みます。

えさは……

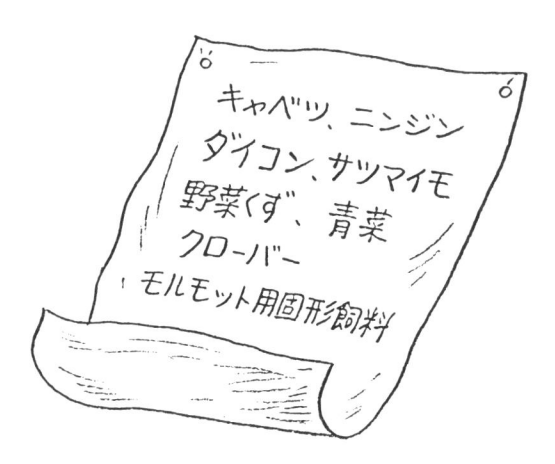

（メモ）
キャベツ、ニンジン
ダイコン、サツマイモ
野菜くず、青菜
クローバー
モルモット用固形飼料

- 残ったえさは取り出して捨てます。

掃除

- ふんや尿の汚れは，毎日きれいに洗い落とします。
- 尿などで足がぬれているときは，ふき取ってやります。
- すのこやえさ入れ，引き出しなどをときどき熱湯をかけて消毒して，いつも清潔であるように気をつけましょう。

スクール・フィーディング（学校の飼育活動）

増やすには……

・オスとメスを同じ飼育箱に入れます。
・細かく切った新聞紙をメスが集めだしたら巣を作る準備が始まったのです。オスを他の箱に移し，メスだけにします。
・産室(さんしつ)を黒い布でおおってやります。
・えさ入れ，給水器の部分だけ取り出しやすくしておきます。
・モルモットは，1年に2～3回出産し，1回に2～3匹を産みます。
・産まれるまで60～70日ぐらいかかります。
・10日ぐらいで親と同じえさを食べますが，親から離れるのは3週間ぐらいかかります。
・親から離れるまでは，のぞいたり，あまり飼育箱を動かしたりせず，静かにしておきます。

黒い布をかける

病気に気をつけよう

・元気なモルモットは動きが落ち着いています。
・毛につやがあって毛なみがそろっています。

抱き上げるには……

・背中からそっと手をそえてから両手で包みこむようにして抱きあげましょう。

毛につやがない
毛がぬけている
毛が汚れたかんじ
おしりが汚れている
下痢をしている
動きが悪い
全体に力がない
耳に張りがない
隅の方でじっとしている
鼻水やくしゃみ

・飼育箱をいつも清潔にして病気を防ぎましょう。
・毎日の世話や観察で下痢・カゼなどに早めに気づくようにします。
・状態が悪くなったら獣医さんに相談して薬を飲ませます。

ウサギ ◆

一般に飼われるウサギは，ヨーロッパのアナウサギを飼いならし改良した家畜(かちく)の仲間です。

イエウサギ

飼い方は……

【飼育舎で飼う場合】

・飼育舎で育てると，とびはねたり，土に穴を掘ったりするウサギの生活のようすがよく観察できます。
・夏の暑さに弱いので飼育舎に直射日光が長く当たらないよう気をつけます。
・湿気が多いと病気になる心配があります。雨が降り込まないよう軒を深くするなどの工夫が必要です。 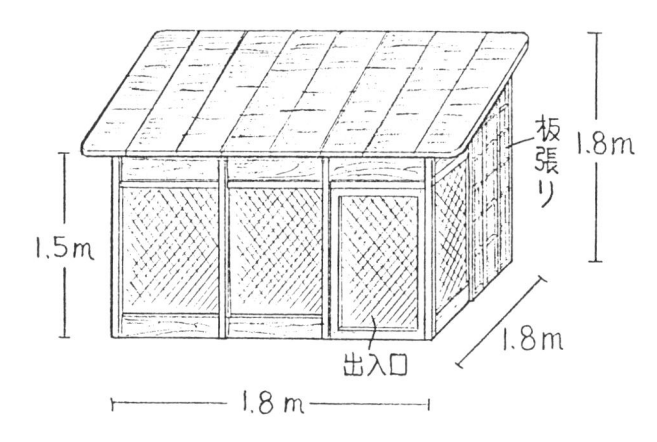
・イヌやネコなどが入り込まないようにしっかりした金網を張ります。
・飼育舎の中の土を少し高くして湿気を防ぎます。
・後ろ側や横の一部分は板張りにします。
・飼育舎を他の建て物につけて作ることも考えられます。

【箱などで飼う場合】

・ウサギの飼育用箱は右図のような大きさならオス・メスを入れることができます。専用のものが販売(はんばい)されています。
・夏は涼しい所へ，冬は日当たりのよい所へ場所を移してやります。
・引き出しを出して掃除をします。
・すのこも洗って清潔にしておきます。

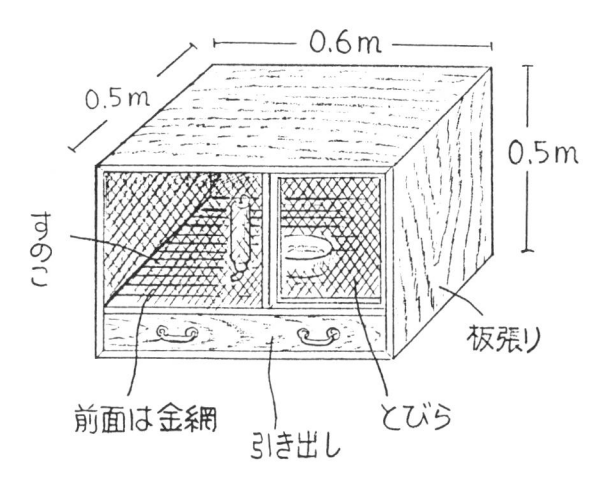

えさは……

- ウサギは草食動物ですが，水分の多いものは干して与えます。
- ウサギは水分を多く取りすぎると下痢をします。
- 冬などは凍っているえさは食べさせないようにします。
- 野菜くずは，特にぬれているものでなければ，野菜の水分はだいじょうぶです。
- ヒルガオ，スカンポ，イヌホオズキ，アネモネ，ショウブはウサギには毒になりますから気をつけます。

- にんじん
- とうもろこし
- クローバー・ハコベ
- 野菜くず・オオバコ
- おから・豆かす
- ウサギ用固形飼料

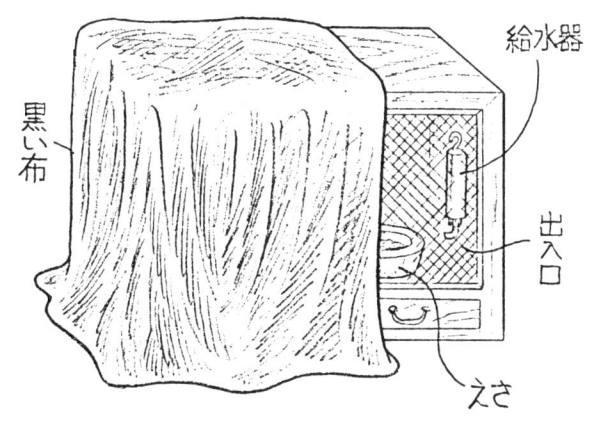

増やすには……

- ウサギが毛をむしるようになったらわらを入れてやり，箱を黒い布などでおおってやります。
- 中をのぞいたりしないで，静かにお産を見守ってやります。
- お産の後は，水をよく飲みます。

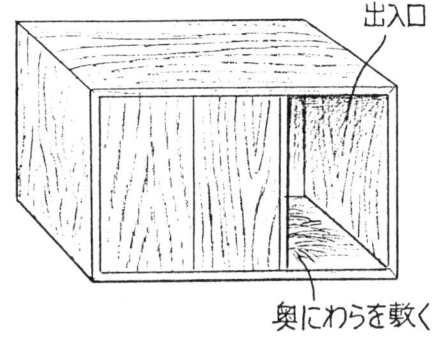

- 飼育舎で飼育している場合は穴の中でお産をすることもありますが，箱の中にわらを入れておくとお産の場として入ります。
- 穴の中のお産ものぞいたり，さわいだりせず静かに過ごします。

子どもは……

- 産まれて3〜5日経つと毛が生え始めます。10日ぐらいで目が開きます。
- 15〜20日程でえさを食べます。
- 40〜30日で親から離れ，自分でえさが食べられるようになります。

病気にならないために

- ウサギのふん・尿は早くかたづけて清潔にしておきます。
- 体調を悪くすると下痢が続きます。いつもすのこを清潔に。
- 下痢には薬（サルファ剤）を与えます。

アヒル

アヒルは，野生のマガモを飼いならしたものです。キャンベルという種類はオカアヒルといわれ，水辺でなくても飼うことができます。

カーキキャンベルアヒル

アヒルの小屋と飼い方

- オス・メス2羽ならば小屋は中型の犬小屋ぐらいの大きさのものを使います。
- 小屋は水はけがよいようにブロックの上に置きます。
- 運動場を決め，イヌなどにおそわれないよう60〜70cmの柵を作ります。
- 広さは，3〜4m²。
- 周囲に落葉樹を植え，日陰が運動場にできるようにします。

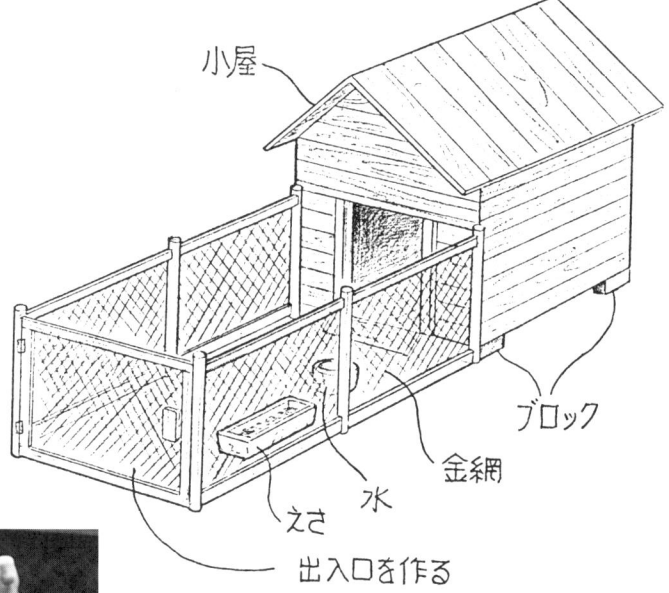

ニホンアヒル

- ニホンアヒルは，じょうぶで飼育しやすいのですが水場が必要です。
- 水場と小屋は，少し離れた場所にして，アヒルが小屋に入るまでに水分が乾くようにします。
- ニホンアヒルは，小型ですが，上の図と同じような小屋を使います。
- 水場になる池は，2m²前後の簡単なものを作ります。
- 陸の部分まで含めて，3〜4m²あれば十分です。

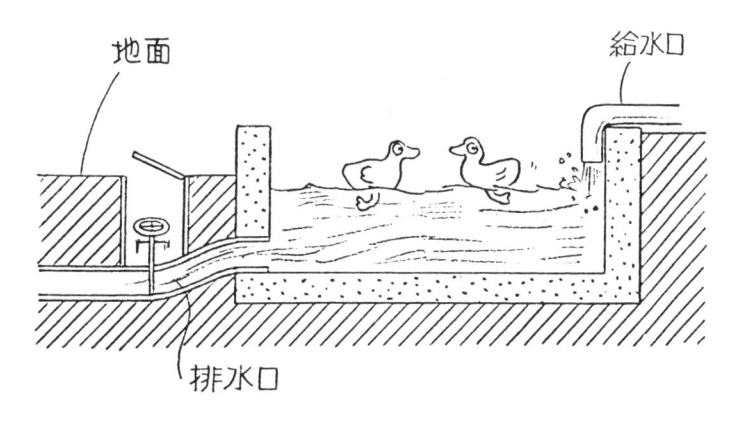

スクール・フィーディング（学校の飼育活動）

地面　　　　　　　　給水口

排水口

簡単な池の断面

- 池の深さは，25〜30cm。
- 池の周囲は，カーキキャンベルアヒルの運動場のように柵を作ります。
- えさや水も陸に置きます。
- 水の汚れが早いので，給排水が簡単にできるようにします。
- 排水口の管は，6〜9cmぐらいの口径を使います。

えさの与え方

- えさは，ニワトリと同じ配合飼料を水でといて使います。
- クローバーも喜んで食べます。
- 野菜くずや魚のアラの煮たものをぬかやふすまに混ぜて与えます。
- 貝ガラを粉にしたボレー粉をときどき与えます。
- 食欲がないときには，ニラかネギを刻んで与えます。

- えさを練（ね）るときは，あまりゆるすぎないよう固めに練ります。
- 青菜をできるだけ毎日与えます。
- アヒルは，えさを食べるとすぐに水を飲んだり，口をきれいにします。水が汚れやすいので1日に2回は新しいものにします。

卵は……

- 卵は，なかなかふ化が難しく，専門的になるので，ここではふれません。

池で泳ぐアヒルの足

95

7. 小鳥小屋で小鳥を育てる

小鳥小屋のつくり

小鳥の小屋は，大きいものから小さいもの，広いもの，狭いものなどさまざまです。きまりがあるわけではありません。でも，小鳥の元気な生活を考えると，やはり，いくつかの必要な条件があります。

片流れ屋根の小屋

必要な条件とは

1. 小屋は，南向き，または南東向きで日当たりがよい。
2. 風通しをよくし，暑さが小屋の中にこもらない。
3. 庇（ひさし）が深く，夏の直射日光が小屋の中に入らない。
4. 冬の冷たい北風が小屋の中に吹き込まない。
5. 巣に雨のしぶきなどがかからない。
6. 小屋の中の土は，周りより高く水はけがよい。
7. 外敵（イヌ，ネコ，ネズミなど）が侵入できない。
8. 日々の世話がしやすい。

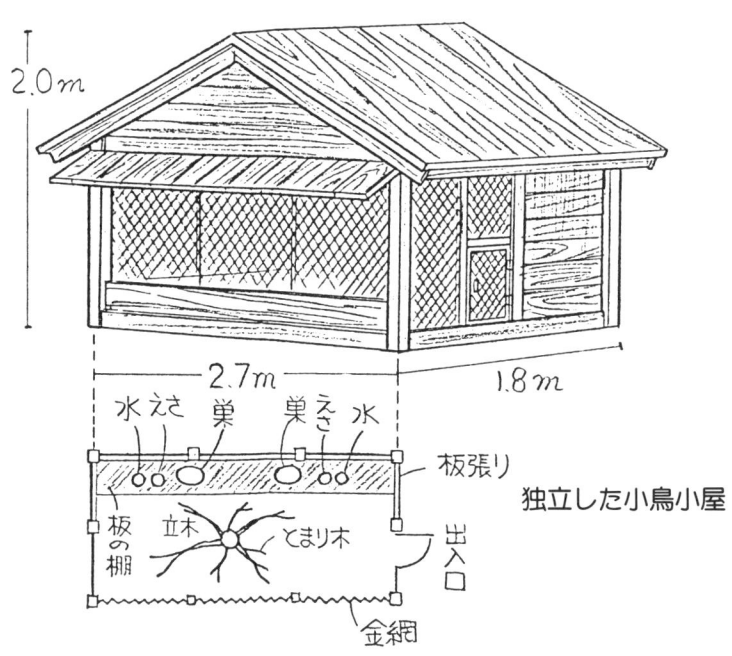

独立した小鳥小屋

- 小屋は，他の建て物に接して，屋根を片流しにしてもできます。
- 小屋の中に取り付ける巣は，動かないようにしっかりと止めます。
- とまり木は，飼う小鳥の足に合ったものを動かないように水平に取り付けます。

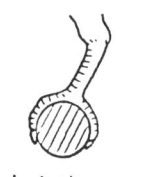

太すぎる　正しい　細すぎる

スクール・フィーディング（学校の飼育活動）

背面は板
屋根
引き出し

野外移動式小屋

・左の小鳥小屋は，移動できる外箱といえる程小さいものです。
・日当たりのよい場所へ移動させたり，雨のときには屋内に入れることができます。
・三方が金網で背面は板張りです。
・引き出しを引いて，ふんなどの掃除をします。

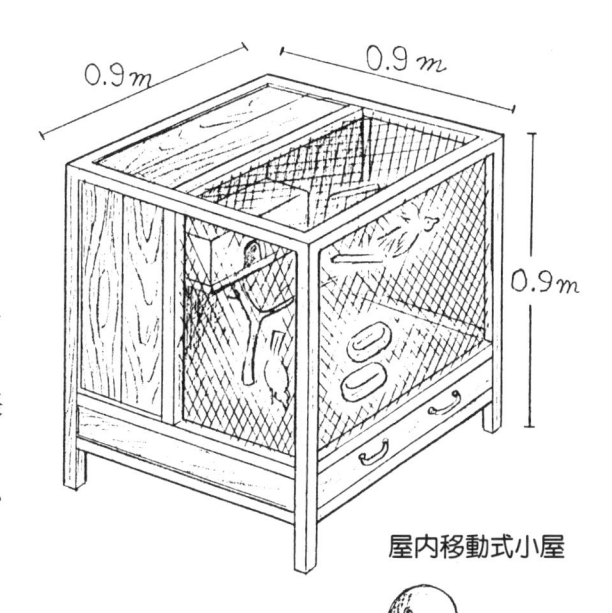

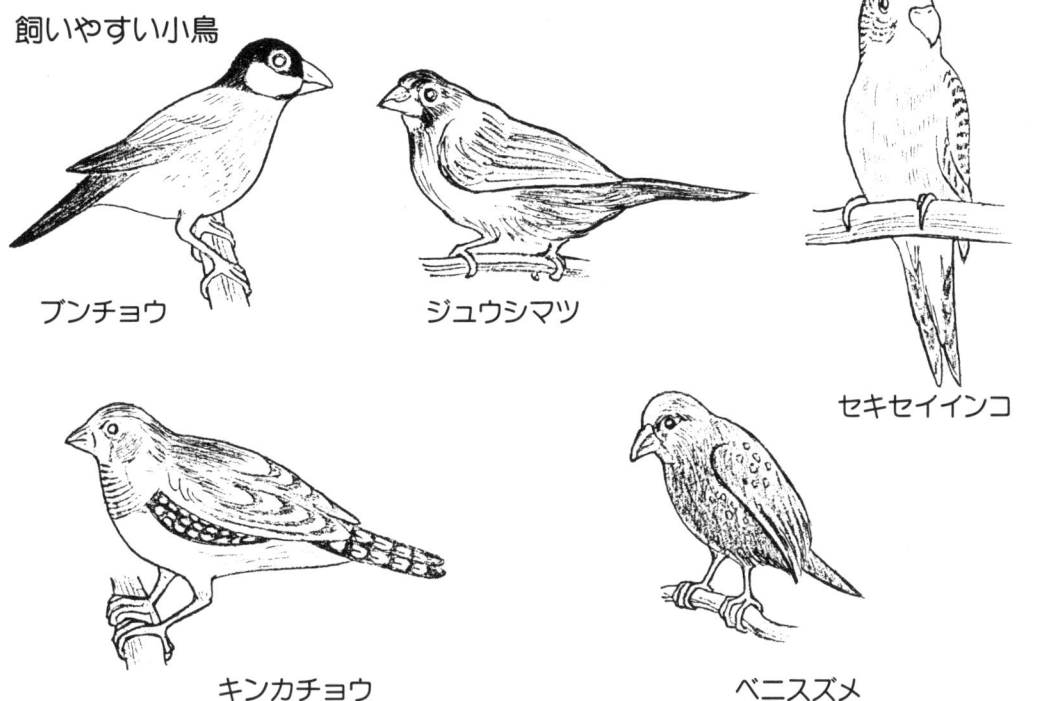

0.9m　0.9m　0.9m

屋内移動式小屋

・右の小屋は，学校の廊下やフロアーに置くように作られたものです。
・背面全部と左右，上の半分ほどが板張りになっています。
・移動式の小屋は，抱卵させるには動かし方に十分な注意が必要です。

飼いやすい小鳥

ブンチョウ　ジュウシマツ　セキセイインコ

キンカチョウ　ベニスズメ

セキセイインコ

　セキセイインコの野生化した群が，長い尾羽をいっぱいに開いて自由に飛ぶ姿を見かけることがあります。たいへんに飛翔力(ひしょうりょく)の強い鳥です。狭いカゴの中や庭籠(にわこ)で飼うよりも，小鳥小屋に入れて美しい姿を眺めたい小鳥です。

小鳥小屋で遊ぶインコ

飼い方は……

- インコの類は，互いに仲がよく，集団飼育に適した小鳥で，数は多くても飼えます。
- 他の小鳥と同居させても，あまり気にしません。
- 巣は，インコの専用巣箱を使います。
- 産卵させてひなを育てるのでなければ，巣箱なしで飼育することもできます。
- インコを買うときには，できるだけ若鳥を選んで買います。老鳥を買ってしまうと産卵できないことがあります。

ろう膜(まく)
鼻孔(びこう)

- 小屋に入れるときは，午前中の早い時間につがいで入れていきます。
- 飼っているうちに，やもめになってしまった鳥には，相手を入れてやり落ち着かせます。

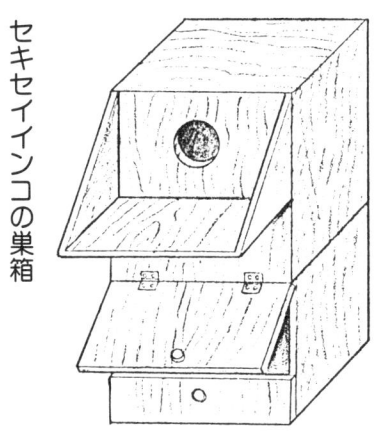

セキセイインコの巣箱（つがいの数だけ必要）

- オス，メスをつがいで飼います。
- オス，メスの違いは，口ばしのつけ根のろう膜の色で選びます。ひなのうちはわかりませんが，成鳥になるとオスのろう膜は濃いあい色になります。メスは，ろう膜が淡(あわ)いあい色か褐色(かっしょく)になります。発情期は特に鮮かになります。
- 寒さには強い方ですが，暑さには弱いので，風通しや日陰作りに気をつけましょう。

スクール・フィーディング（学校の飼育活動）

えさは……

- あわ，ひえ，きびなどの混合飼料を与えます。
- 体力が落ちているときには，エゴマ，ナタネ，ラッカセイを与えます。
- ボレー粉やあわ玉を与えます。
- 青菜もできるだけ毎日与えます。
- 水は，1日2回ぐらい新しいものを与えましょう。

（えさの類は小鳥屋にあります。）

産卵には……

- 交尾から18～20日でふ化します。
- メスが抱卵したら，巣を動かしたり，のぞいたりしないでふ化を待ちます。
- 卵は，1日おきに1個ずつ合計5～6個を産みます。
- ふ化してから30～40日で巣から出られるようになります。
- 巣立ちしたひなは，えさのある場所がわからないことがあります。目につく所へ数ヵ所，えさと水を置くようにします。

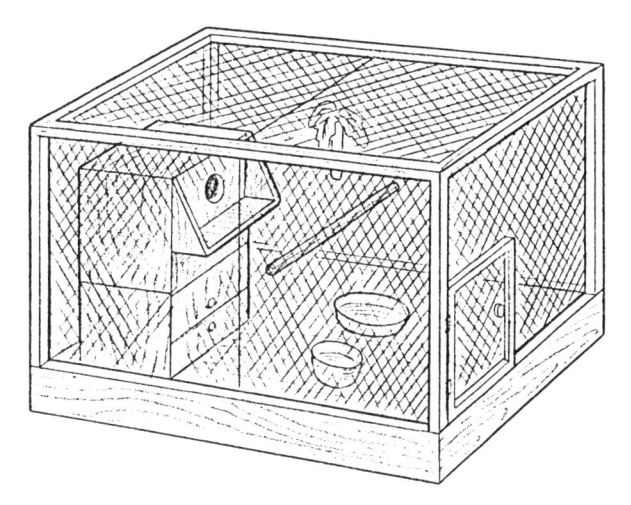

（庭籠（にわこ）で抱卵させるには巣箱を中に入れる）

手乗りの育て方は……

- 手乗りの鳥は，生後2週間ぐらいのひなを巣から出し，ブンチョウを育てるときのようにフゴの中で育てます。
- 差し餌（さしえ）は1日6回，2～3時間おきに与えます。(ひな用のえさを竹べらで与えます。)
- 30日くらいで，手の上のえさを自分で食べるようになります。

インコの仲間

オカメインコ

ビセイインコ

コザクラインコ

8. 池のつくりと魚の育て方

池のつくり

- 池を作るには，日当たりのよい場所を選びます。
- 深さは，30〜40cmにして，底を排水口に向かって傾斜させます。
- 排水口の手前に魚だまりを作ります。
- 池のコンクリートのあく抜きを十分にしてから魚を入れます。
- 周囲に落葉樹を植え，夏の暑い日射でも日陰の所があるようにします。

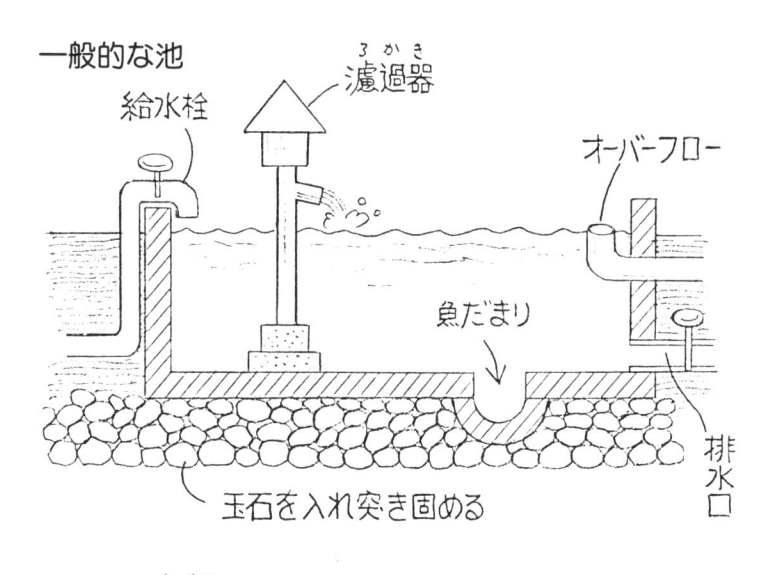

一般的な池

- 池の水の取りかえに水道水を使うときは，くみ置きして使うかハイポ（薬品）を入れて塩素分を中和させます。
- 左図の中にあるような濾過器を使うと水かえを少し延ばすことができます。

池と他の施設が一体となったもの

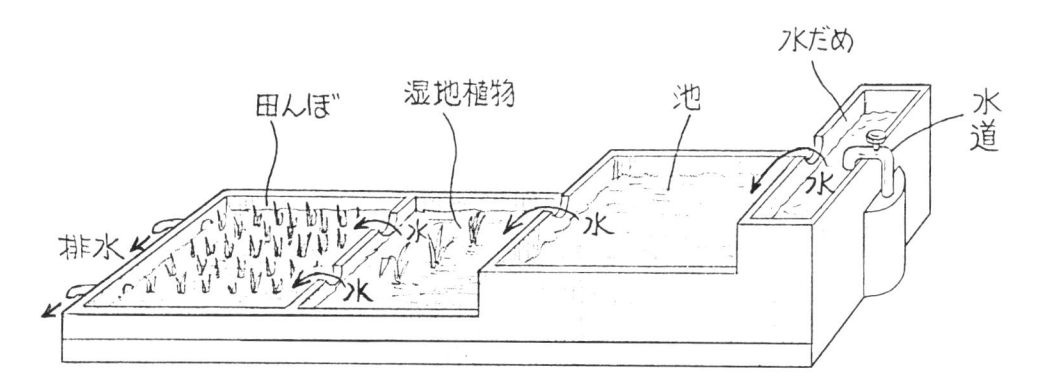

- 上図の池は，水道水を一度水だめにためてから池に落としています。さらに，湿地植物の枠へ流し，それを田んぼへ流すようにしています。

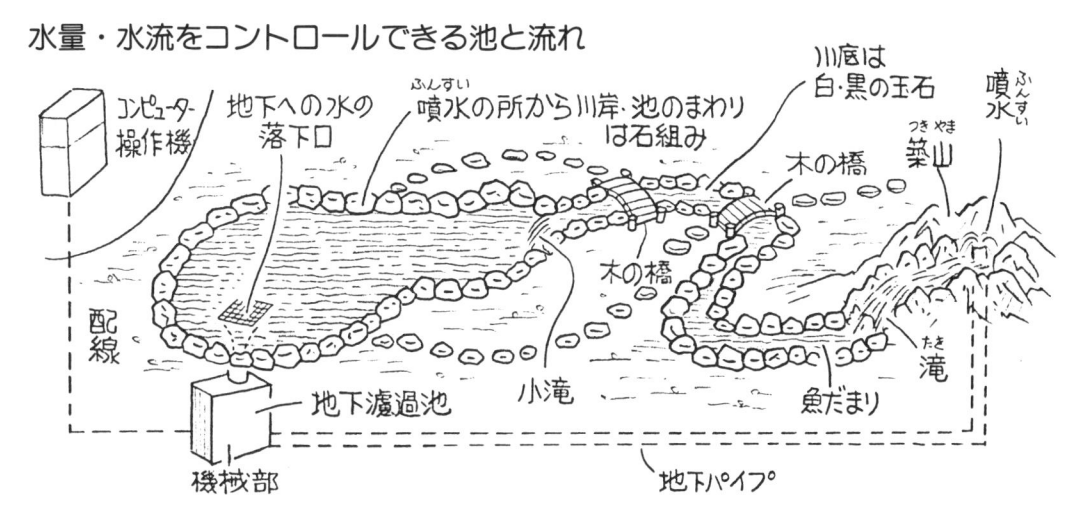

水量・水流をコントロールできる池と流れ

（図：コンピューター操作機、地下への水の落下口、噴水の所から川岸・池のまわりは石組み、川底は白・黒の玉石、噴水、築山、木の橋、配線、地下濾過池、機械部、小滝、魚だまり、滝、地下パイプ）

- 上図は，ある小学校の池です。周囲は，レンゲや季節の花が咲いています。
- 池や川の周囲には，落葉樹が植えられ，日陰の部分が配されています。

◆魚の育て方◆

金魚とフナ

- 金魚もフナも，金魚用の配合飼料を与えます。
- 1日に1～2回，えさを残さない程度に与えます。
- 金魚は，梅雨時や天候不順な時期，水温の上昇や水質の汚れなどで病気にかかります。
- 白点病，白雲病など，からだが白くなる病気やダニなどによるものまでいろいろあります。
- 金魚のようすを見て，早目の処置をしましょう。
- 薬品は，金魚屋・ペットショップにあります。
- 産卵するようすが見えてきたら，シュロの皮をあく抜きして，池にひろげてやります。卵が付いたら池の水槽に入れます。
- 2～3日たったら，稚魚用のえさを与えます。

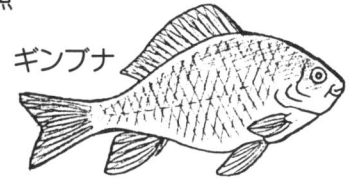

金魚
ギンブナ
コイ

- コイは，10～15cmの幼魚を飼います。えさは，金魚の配合飼料か固形飼料を与えます。

ナマズ

- ナマズは夜行性ですが，なれるとコイと一緒にえさを食べに出てきてなかなか愛敬があります。

ナマズ

9. 飼育のポイントⅡ

観察の眼

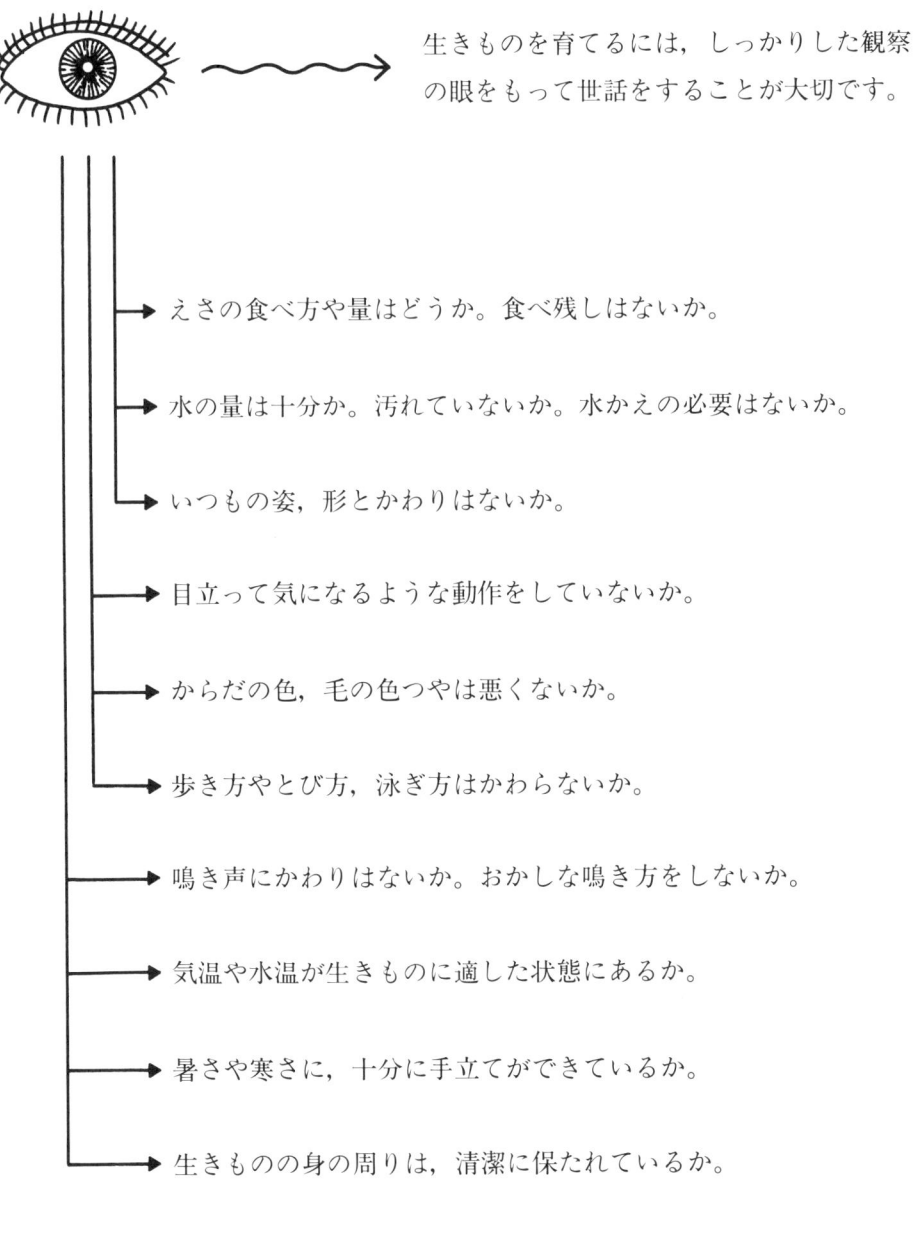

生きものを育てるには，しっかりした観察の眼をもって世話をすることが大切です。

→ えさの食べ方や量はどうか。食べ残しはないか。

→ 水の量は十分か。汚れていないか。水かえの必要はないか。

→ いつもの姿，形とかわりはないか。

→ 目立って気になるような動作をしていないか。

→ からだの色，毛の色つやは悪くないか。

→ 歩き方やとび方，泳ぎ方はかわらないか。

→ 鳴き声にかわりはないか。おかしな鳴き方をしないか。

→ 気温や水温が生きものに適した状態にあるか。

→ 暑さや寒さに，十分に手立てができているか。

→ 生きものの身の周りは，清潔に保たれているか。

・以上，10項目を挙げましたが，個々の生きものの飼育には，さらに細かな観察の眼を育てることが必要です。また，その時々の事柄を記録していく力も伸ばしていきたいものです。
・グループなどで飼育の当番をするときには，責任が不明確になりがちです。仕事の分担を明確に指導しましょう。

スクール・フィーディング（学校の飼育活動）

◆考えておきたいこと

・生きものの飼育計画を立てるときには，えさ代はもちろんですが，維持管理(いじかんり)の費用や増えたときのスペースなどまで考えて計画を立てましょう。

・生きものは，一生懸命(いっしょうけんめい)に育てても，病気にかかったり，死んでしまうこともあります。そんなときに，近所の獣医さんやペットショップを知っておくと相談ができ，あわてずにすみます。また，病気の手当ても早くできます。

・特に，小鳥や小動物の死は，子どもたちに大きなショックを与えることがあります。そのようなときのことも考えておくことが必要です。小動物の死骸(しがい)は，獣医さんか保健所へ連絡を取るなどして，子どもたちが納得(なっとく)できるような処理(しょり)をしましょう。

◆飼いやすい生きもの（追記）

・この本にはありませんが，飼いやすい生きものの仲間です。

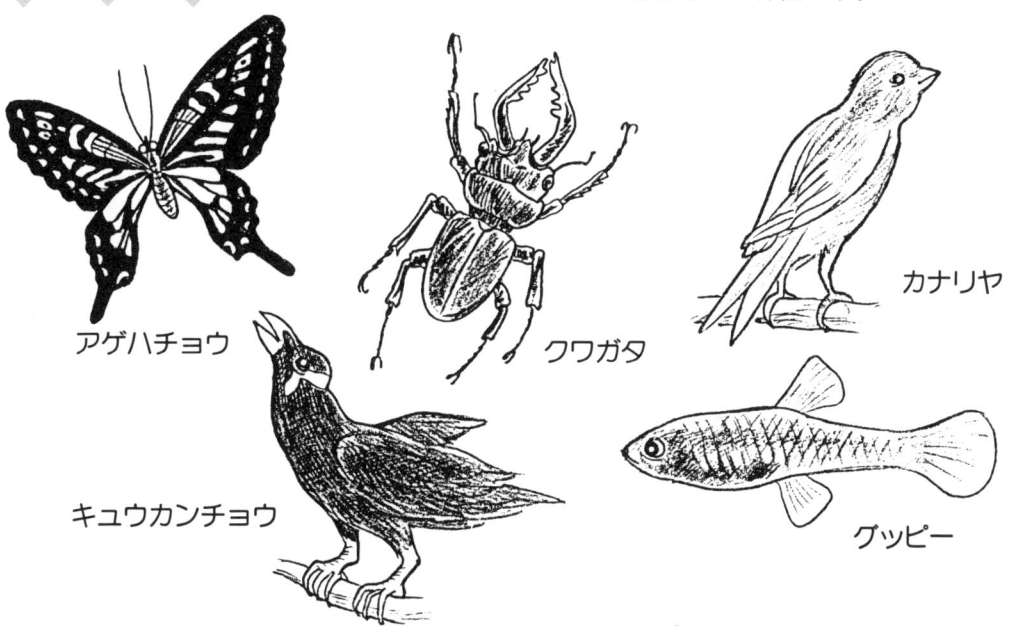

アゲハチョウ

クワガタ

カナリヤ

キュウカンチョウ

グッピー

10. 生きものの観察のポイント

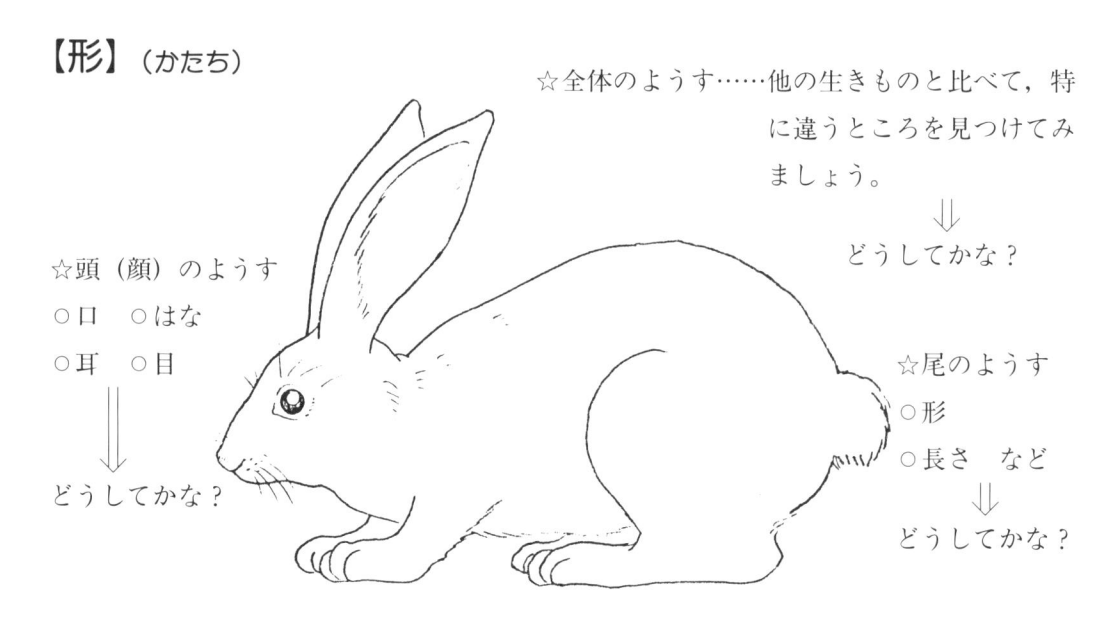

【形】（かたち）

☆全体のようす……他の生きものと比べて，特に違うところを見つけてみましょう。
⇩
どうしてかな？

☆頭（顔）のようす
○口　○はな
○耳　○目
⇩
どうしてかな？

☆尾のようす
○形
○長さ　など
⇩
どうしてかな？

☆足のようす　○前足と後足　○つめ　○長さとバランス
⇩
どうしてかな？

【動き】（動くようす）

寝て（休んで）いるとき　　　ゆっくり歩くとき　　　いそいで走るとき　など

☆安心しているときの全体のようす・起きているときとの違いなどに気づかせる。

☆走るときと歩くときの足の使い方の違いに気づかせる。

☆前足と後足との使い方の違いなどに気づかせる。

スクール・フィーディング（学校の飼育活動）

自由に観察したことが書ける観察カードの例

例1　高学年の子どもには……

```
観察カード          月 日 時 天気
┌──┐
│  │
└──┘            名前_____

　絵を書く場所を広くし、気づい
たことを"ふきだし"にして書か
せると、喜んで書くようになる子
どもが多いです。


〔気づいたこと・友だちと話し合ったこと〕
_____
_____
_____
_____
```

例2　低・中学年の子どもには……

```
〔みつけたよ！〕カード    月 日 天気
┌ウサギのようす┐

　子どもには全体のようすを書くのは
難しいので大体の形を書いておいて、
特に気づいたことを書き加えるように
します。

〔みつけたこと〕
_____
_____
_____
```

記入のヒント

えさを食べているとき

☆えさを取るときの口のようす（のみこん
　でいるのかな？　歯でかんでいるのか
　な？）
☆のどのようす、などに気づかせます。

その他

☆天気のよい日 ←→ 天気のわるい日
　　⇓　　　　　　⇓
　よく動き回る　　じっとしている　など

☆1匹のとき ←→ 仲間といるとき
　　⇓　　　　　　⇓
　あまり動かない　からだを寄せ合って
　　　　　　　　　よく動く

☆子育てのようす
☆木に登ったり、枝にとまったり、泳ぐよ
　うすなど、観察する生きものの特に目立
　った動きを見つけます。

11. 生きものと遊ぼう

☆ダンゴムシは迷路をぬけ出せるか？

○画用紙を下のように切りぬいて、簡単な迷路を作り、ダンゴムシを入れて動きを観察します。きっと色々なことがわかりますよ。

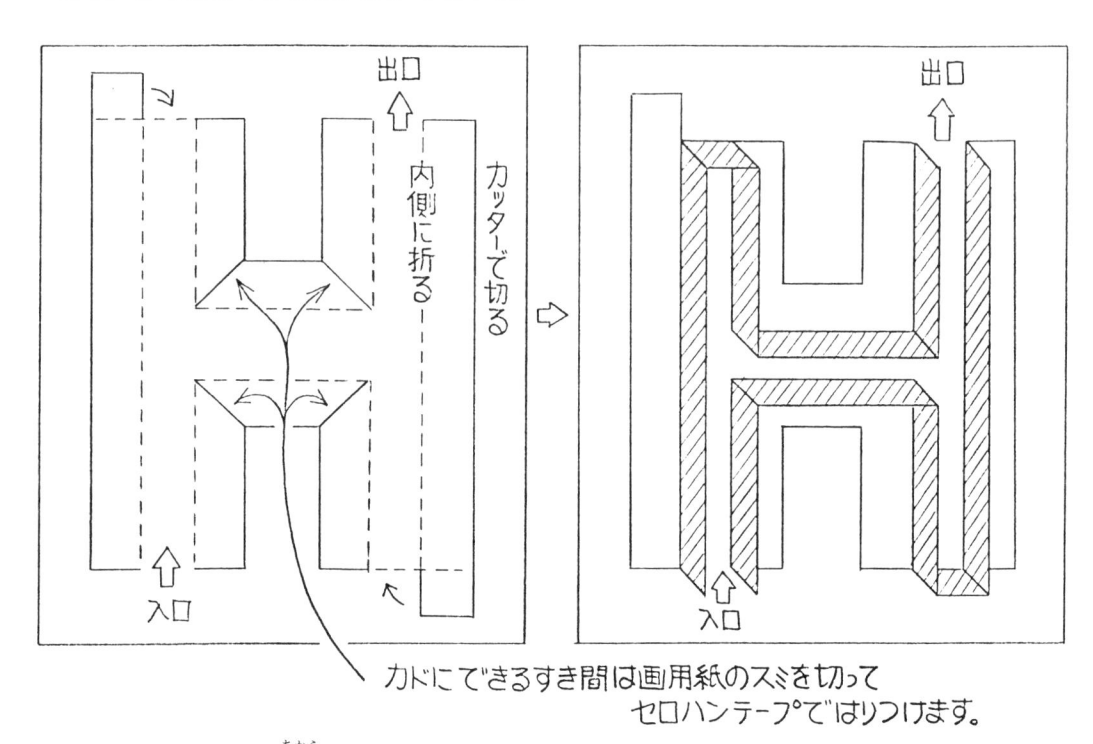

（左図）出口／内側に折る／カッターで切る／入口

（右図）出口／入口

カドにできるすき間は画用紙のスミを切ってセロハンテープではりつけます。

☆ザリガニのハサミの力は？

○輪ゴムやバネ・バネはかりの先に、ザリガニの好きなスルメをつけて、ザリガニの引っぱる力を調べたり、比べてみたりしてみましょう。遊び終わったら、ごほうびにスルメはザリガニにあげます。

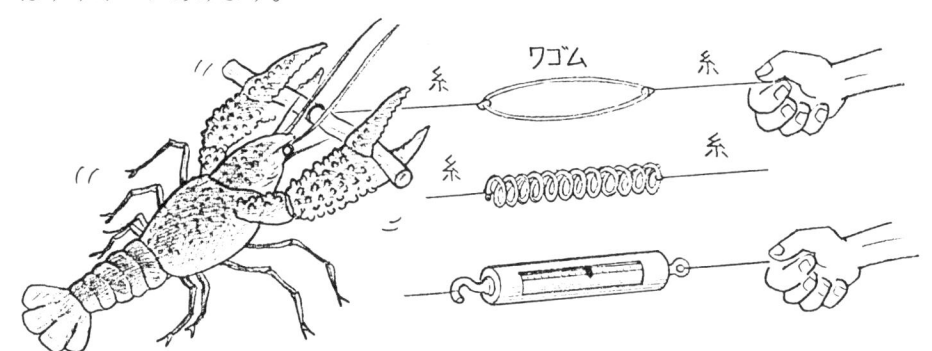

ワゴム　糸　糸

- ○どのくらいまで伸びるかな？
- ○どのザリガニが力持ちかな？
- ○水の中と土の上では、力は違うかな？

スクール・フィーディング（学校の飼育活動）

☆アリのレース，マウスのレースをしてみよう。

○アリのレースは30cmくらいの長さに画用紙を折って，ゴールに砂糖やあめ玉を置いておき，どのアリが早くえさにたどりつくかを比べます。迷子のアリもきっと出てきますよ。

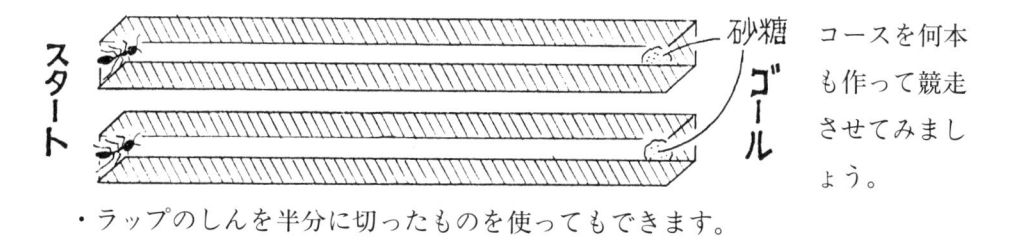

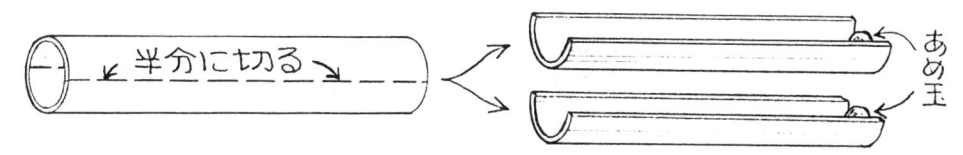

コースを何本も作って競走させてみましょう。

・ラップのしんを半分に切ったものを使ってもできます。

○マウスやハムスターも，ダンボールを利用してレース場を作ってやることができますよ。レースの長さやえさを工夫して，やってみましょう。

☆カブト虫やカメの引っぱる力を比べてみよう。

○小さな台車をマッチ箱などで作り，ビー玉を載せ，いくつまで引っぱれるかを比べてみます。

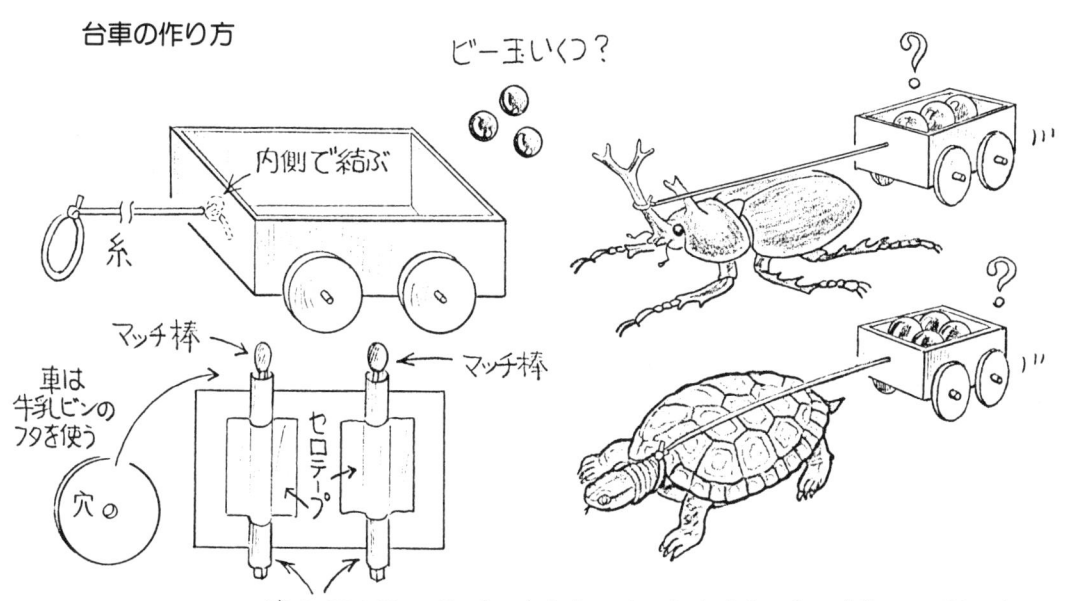

台車の作り方

車は牛乳ビンのフタを使う

太めのストロー　マッチのあたまのない方は油ネンドなどでとめておきます。

12. 学校で飼いやすい生きもの

虫・昆虫

◎腐葉土などで育つ虫
- ダンゴムシ・ハサミムシ・アリ・カブトムシやカナブンの幼虫　など

◎鳴く虫
- コオロギ・エンマコオロギ・スズムシ・キリギリス　など

羽を振るわせて鳴くスズムシ

◎変態する虫（幼虫→さなぎ→成虫）
- モンシロチョウ・アゲハチョウ・スジクロシロチョウ・トンボ・カイコ・テントウムシ　など

☆エノキの鉢植えを育てておくと，オオムラサキ（日本の国蝶）やゴマダラも育てられます。

◎その他・クワガタ・カミキリ・カマキリ

モンシロチョウ

魚・水生の生きもの

◎水流がなくても育つ魚
- メダカ・フナ・金魚・ドジョウ・ベタ（熱帯魚）　など

◎水流がないと育ちにくい魚
- ハヤ・ヤマベ・コイ・タナゴ・グッピー　など

エノキで育つオオムラサキ

カメ

○カニ……サワガニ・ベンケイガニ　など
○カエル……ヒキガエル・ウシガエル　など（オタマジャクシがカエルになったら野外に帰すようにします。）
○カメ……ミドリガメ（アカウミガメの仔）・イシガメ・クサガメ　など
○アメリカザリガニ・イモリ　など

スクール・フィーディング（学校の飼育活動）

小鳥など

「小鳥の飼育舎」

◎カゴで飼える小鳥
・ジュウシマツ・ベニスズメ・ブンチョウ
・セキセイインコ・コザクラインコなどの小型のインコ類・キュウカンチョウ　など

十分な大きさを持った飼育舎
（国立大附属Ｓ小）

◎飼育舎で飼える鳥
○ニワトリの仲間
　・ハクショクレグホン・地ドリ
　・ウコッケイ・チャボ　など
○その他
　・ウズラ・コジュッケイ・アヒル・カルガモ　など
　・ハト・クジャクバト　など

「カゴの中の小鳥」

◎飼育カゴや金網カゴで飼える小動物
・ハツカネズミ・ハムスター
・モルモット・シマリス・ニホンリス・ミニウサギ　など
◎飼育舎で飼える動物
・ウサギ・ブタ・ヒツジ・ヤギ　など

=== 飼育生物を選ぶポイント ===

①子どもに害を与えないもの……毒性を持っていたり，かみついたり，ひっかいたりしない生きもの（小鳥アレルギーを持つ子どももいるので注意）
②えさが手に入りやすいもの……給食の残り物や市販のえさで飼える生物がよいでしょう。
③子どもが形や動きに興味を持ったもの……子どもが興味を持つと進んで世話をするようになり，観察の輪が広がっていきます。
④価格の安いもの……安価なことは飼いやすく，増やしやすいことを表しています。
⑤世話がしやすいもの……ふんなどの掃除や世話が子どもにもできるものがよいでしょう。

ビオトープを作ろう

1. ビオトープを作ろう

☆ビオトープとは？

　かつてその地域にあった自然生態系を校内に小さな規模で再現させる試みです。池（水のある場所）を中心にしています。そして，あまり手を加えないで，地域自然の入り込むのを待ちます。

　しかし，校内の美観や初年度からの学習を考えると，ある程度の手を加えることが必要となります。

池 ▶▶▶

池のまわり

①池のまわりは土が崩れないように石で囲っておいた方がよいでしょう。
②地域の池や沼，川に生えているアシやマコモを少し植え込んでおきます。根に小生物の卵などがついていることもよくあります。
③池のまわりに陰を作る木やしげみを作っておいてもよいでしょう。

①蚊がわくと困るので，メダカや小さな金魚・タモロコを入れておきます。──→ふんが水中にたまるのでプランクトン類が増え，水生昆虫が住みやすくなる利点もあります。タニシなども手に入れば入れておきたいです。
②池には，スイレンやセキショウモなどを植え込んでおくと，水中に日陰を作り，生きものが増えやすい条件を作ることができます。
③池の底は土であることがよいですが，土だけだと水がもれますので，防水シートなどを敷いた上に土を入れるとよいでしょう。

●児童と保護者と教職員で作った練馬区S小学校のビオトープ風の池とそのまわり

◎手を加えるのは最小限にしたいが……

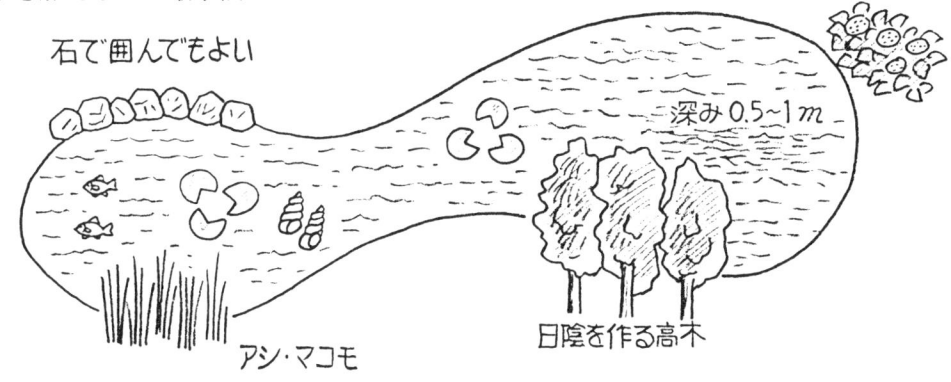

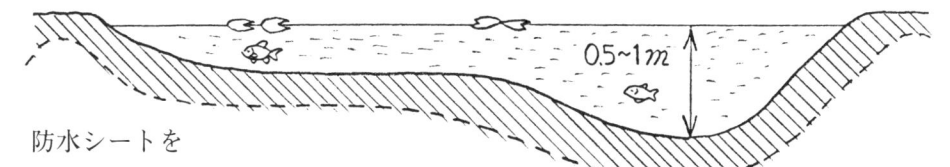

防水シートを
底にはってから土を入れます。
（コンクリートばりにしたときには水を十分に入れて，あく抜きをしてから上に土を入れます。）

魚が暑さ寒さを避けるための深みを作りますが，児童の安全を考えて50cmくらいにしたいものです。

　　　　　　　４・５年後には

毎年の変化を児童に記録させておきます。

○新しい草や小さな木が生えてきます。──どのようにして，どこからきたんだろう？
○水生昆虫（ヤゴ・コミズムシなど）が住みつきます。
○ヒキガエルなどのカエルが産卵します。

変化のようすから何がわかるかを調べます。
⇒総合学習の課題にもなります。

2. ミニビオトープを作ろう

◎ビオトープの中心となる池を作るだけの土地のゆとりがないときには，短期(1～3年)用のミニビオトープを作ってみましょう。

1．校庭の隅にさら地を中心にしたミニビオトープを作ろう。

○下図のように児童の作業や観察ができるように通路を十分の幅に取って，小さく区切っておきます。

○さら地の形も，①平地型，②南斜面型，③北斜面型，④山型，⑤谷型，⑥あぜ型などを作っておくと多くの変化が見られる可能性が高く，多角的な観察や思考をうながすことができます。

【ミニビオトープの配置例】

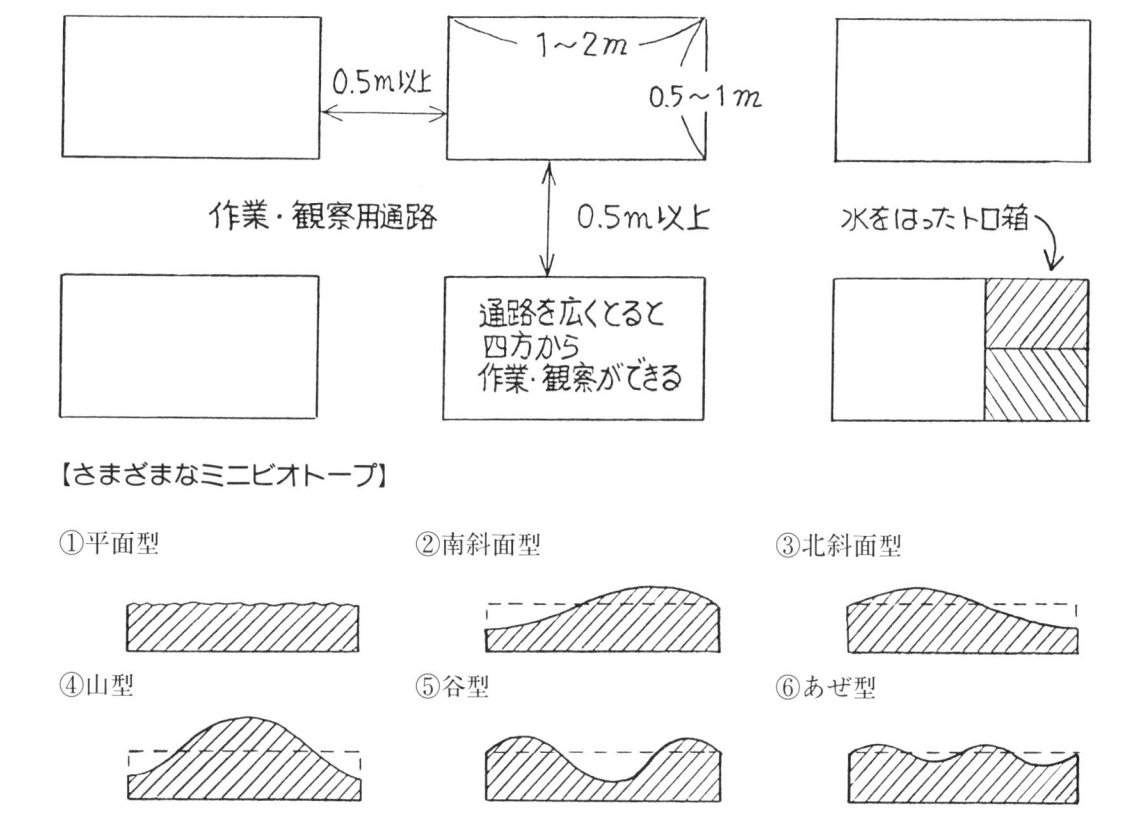

【さまざまなミニビオトープ】

① 平面型　　②南斜面型　　③北斜面型

④ 山型　　⑤谷型　　⑥あぜ型

トロ箱（魚などを入れて運ぶ発ぽうスチロールの箱）に土や落ち葉を入れてから水を張っておくだけでも池のかわりになります。もしあれば，水草や水辺の草も少し植えておくとよりよくなります。

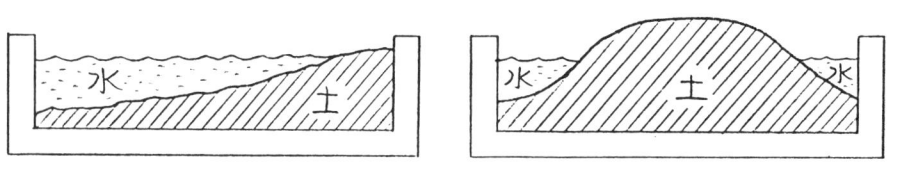

2．小さな池（水たまり）を中心としたミニビオトープを作ろう。

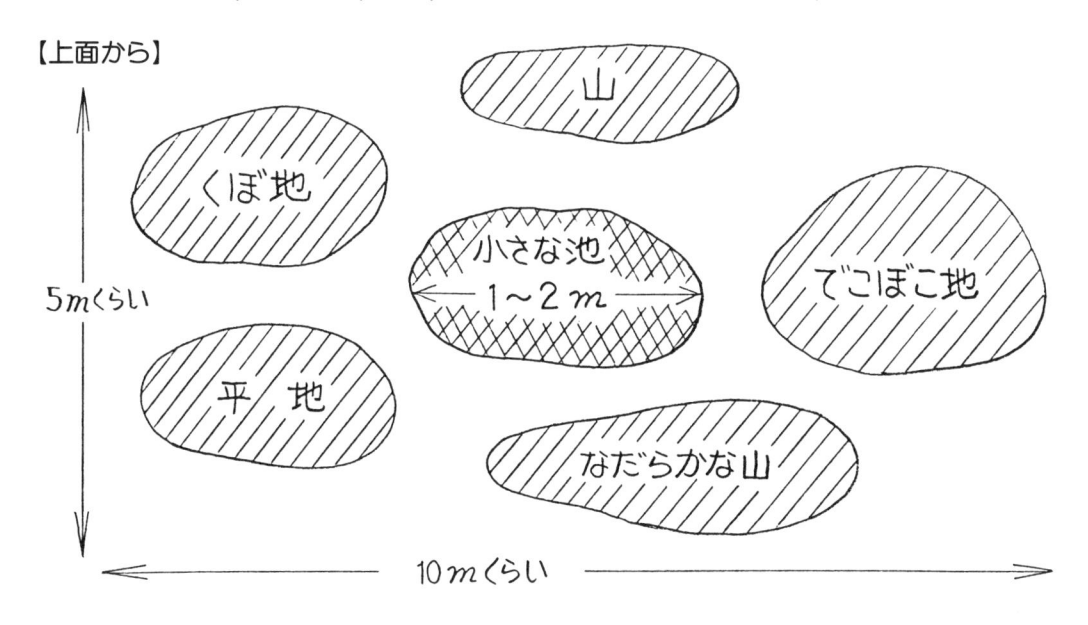

【上面から】

（図：上面から見た配置。5mくらい×10mくらいの範囲に、くぼ地、山、平地、小さな池（1〜2m）、でこぼこ地、なだらかな山が配置されている）

【側面から】

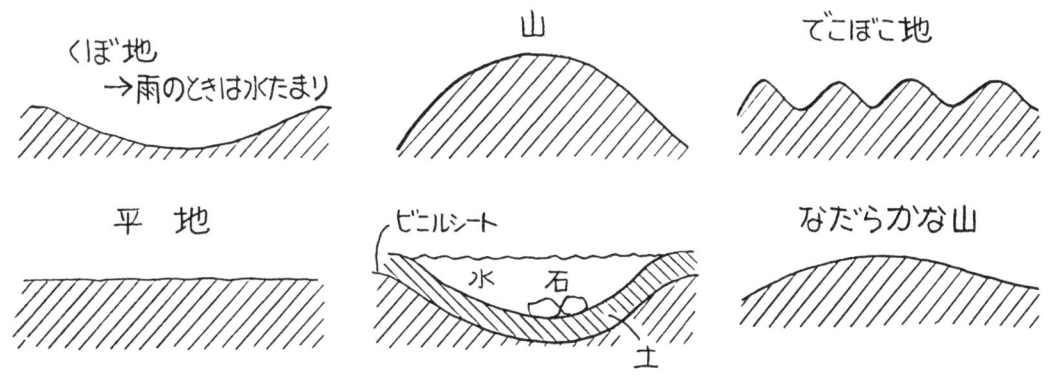

（図：側面から見た各地形。くぼ地→雨のときは水たまり、山、でこぼこ地、平地、小さな池（ビニルシート・水・石・土）、なだらかな山）

ビニルシートを底にはり、上に土を入れます。

◎ビオトープの自然観察からの発展
○生えてきた草や木から
　地域の中で同じ草の生えている所を探し、どのようにして種が移動してきたのか考え、調べてみます。（風に乗って飛ぶ種。小鳥のふんに混じってまかれる種などがあります。）
○見つけた虫から
　同じ虫のいる場所を見つけます。（同じような草の生えている場所を探してみる。）
○生えてきた草木の種類と地域の草木の種類との比較（地域の植生）
○土地のようすにより草木の生え方に変化があるのか→草の生えやすい所と生えにくい所
　このような児童の観察からの［気づき］を問題化し、さらに広がりを持たせて総合学習の課題に発展させていきたいものです。

3. 屋上を使ったビオトープ

◎都市部の学校では校庭にさら地を作ったり，ビオトープを作る場所を見つけるのは難しいでしょう。しかし，多くの学校では屋上は有効に使われていません。思い切って屋上に総合学習の場としての簡易ビオトープを作ってみましょう。漏水（ろうすい）などが気になるときは，トラックや資材置き場で使う防水シートや古いシートを下に敷いておきます。屋上の照り返しを防ぐことにもなります。

◎用意するもの

○水生昆虫やヤゴなどを呼ぶ「水場」づくり
- ・トロ箱
- ・畑や田の土（近くの川や沼の土が手に入れば最良）
- ・水草（マツモ，セキショウモなど，地域の川や沼に生えているものがよい。ないときは熱帯魚屋や金魚屋で売っている安い水草を求めてもよい。）

○蝶（ちょう）や虫・小鳥などを呼ぶ「草場」「木陰」づくり
- ・大きめの鉢かトロ箱（底に水抜けの穴を作る。）
- ・水場と同じような土
- ・草・木……イネ科やツユクサ科などの野草
  　　　　　ミカン類（ミカン・キンカン・ユズなど）
  　　　　　サンショウ・エノキなど虫のえさとなる木
  　　　　　赤い実のなる木（ピラカンサ・ナンテンなど）

◎作るときの注意

1. 日のよく当たる場所と日陰の場所ができるようにする。
2. 作業・観察が学級全員でできるように，十分に間を取っておく。
3.
   - ・何も植えていないもの・腐葉土だけのもの
   - ・土を少なく，水を多くしたもの
   - ・土を多くして，水を少なくしたもの
   - ・水だけのもの

   ⇒ 本来の観察用ビオトープ

   - ・イネ科やツユクサ科の野草を植えたもの
   - ・水草を植えたもの
   - ・虫や小鳥の食草になる葉や実をつける木を植えたもの

   ⇒ 短期間に観察ができるようにしたビオトープ

ビオトープを作ろう

◎屋上を使ったさまざまなビオトープ

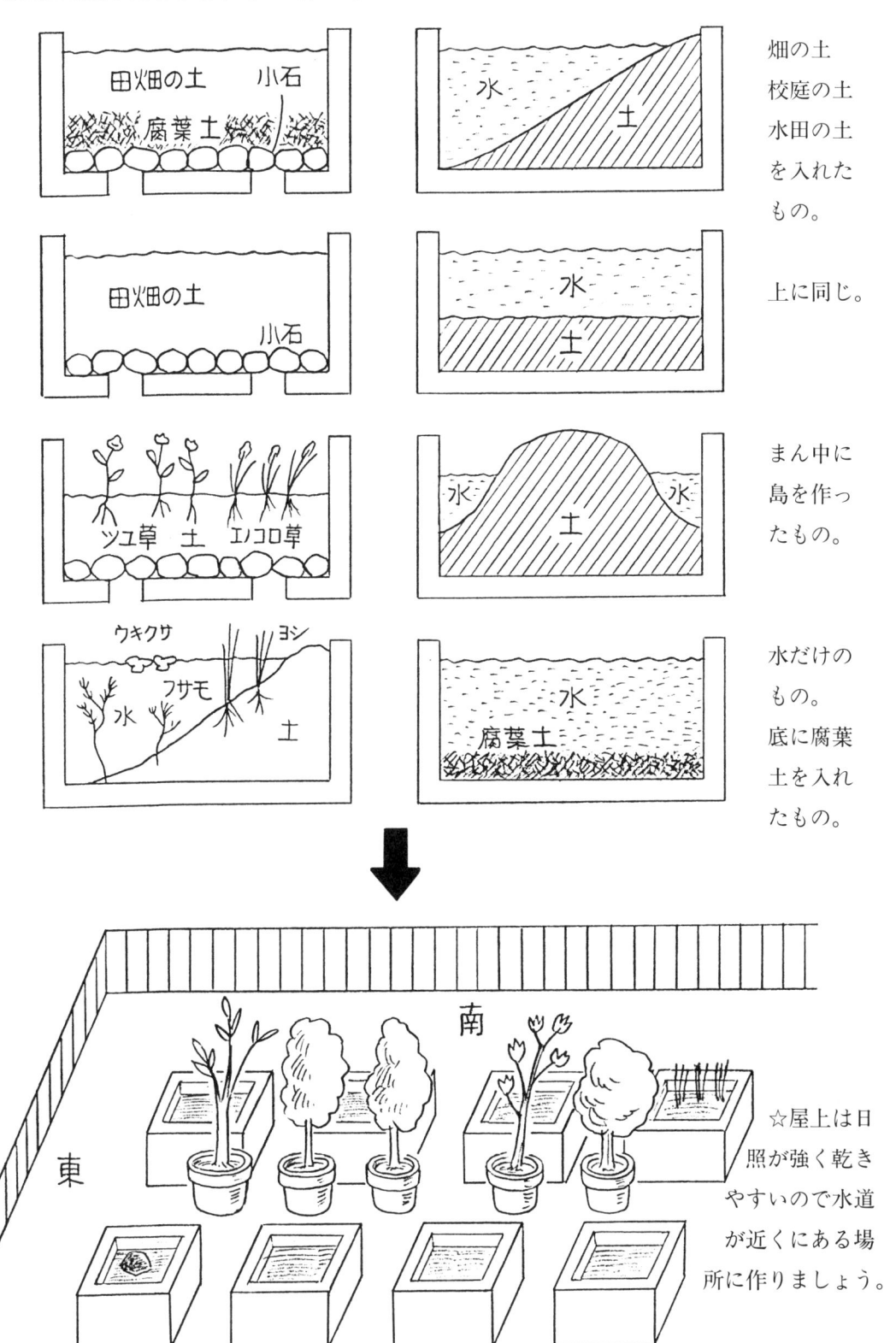

畑の土
校庭の土
水田の土
を入れた
もの。

上に同じ。

まん中に
島を作っ
たもの。

水だけの
もの。
底に腐葉
土を入れ
たもの。

☆屋上は日照が強く乾きやすいので水道が近くにある場所に作りましょう。

4. ミニミニビオトープの工夫

◎使い捨てになった給食用のバケツや空カン，古バケツ，トロ箱などを利用した，リサイクル・ミニミニビオトープを作ってみましょう。

1．地域の草を呼ぶミニミニビオトープ

よくたがやした土を容器に入れ，学習園や花だんの近くに置きます。(秋に作っておくと春には野草の発芽が見られるかも……。)

2．地域の草木を呼ぶミニミニビオトープ

小鳥のえさ台を作り，小鳥を呼んで，ふんの中の種を発芽させます。

3．地域の虫を呼ぶミニミニビオトープ

イネ・エノコログサなどを植えて，バッタ類を集めます。(屋上に作ったトロ箱の水田にもなぜかイナゴが来ていたりします。)

4．水生昆虫を呼ぶミニミニビオトープ

トロ箱に水草（できれば近くの池や沼，川から採集したもの）を入れておきます。（夏にはコミズムシやヤゴが見られるかも。）

ホテイアオイ・ウキクサなども手に入れば入れておきます。

水底に腐葉土(ふようど)を入れておいてもよいでしょう。

プール掃除後にプールの底にたまった土にも水生昆虫や卵が多くあるので利用しましょう。

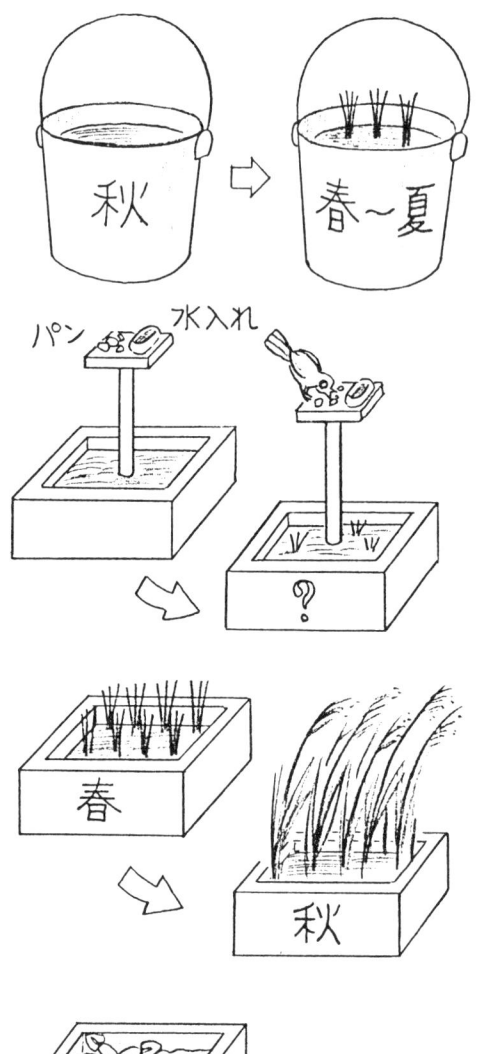

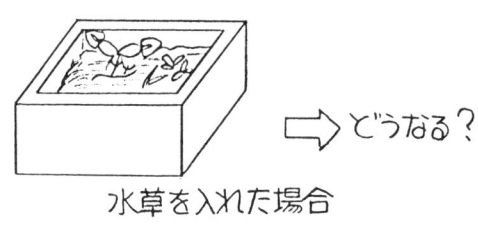

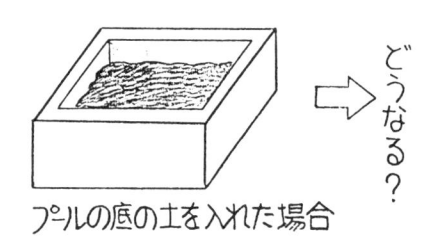

5．プランクトンなどを呼ぶミニミニビオトープ

イネやムギのワラを煮出し、トロ箱や水槽の底に敷いておきます。（ワラは煮出さなくてもプランクトン類は発生しますが、時間がかかります。）

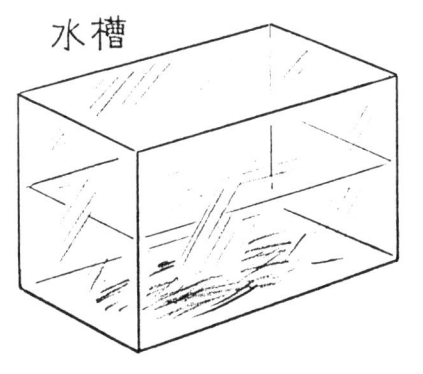

水は半分くらい入れておき、少し日の当たる場所に置きます。フタはしておかない方がよいでしょう。

◎ミニミニビオトープの置き場所にも工夫を！

1．花だんや学習園の脇や中に置きます。
　・虫や小さな生きものがいる。
　　　──→虫や小さな生きものが、種を運ぶ。
　・風に飛ばされてきた種が落ちやすい。
　・栽培されているものの種が落ちる。

2．校舎前の窓下花だんに置きます。
　・日当たりがよく、観察しやすい。
　　　──→変化に気づきやすい。
　・風に飛ばされた種が校舎に当たって止まりやすい。

3．校舎の北側窓下に置きます。
　・北風に乗ってきた種が止まりやすい。

4．校地の角地に置きます。
　・風が当たりやすく、ボールなどが飛び込まない。

企　画	石田泰照	竹早教員保育士養成所講師
編著者	町田槌男	元練馬区立練馬小学校長・光和小学校長
		元練馬区立小学校校長会長
		前練馬区立総合教育センター統括指導員
	著者	『子どもと一緒に楽しむなぞなぞ・学習クイズ』（黎明書房）
		『準備のいらない学習ゲーム』（黎明書房）ほか
執筆者	町田槌男	
	野崎信太郎	元練馬区立石神井台小学校長
		元練馬区小学校教育会理科部長
		練馬区立総合教育センター教育研究調査員
	著者	『教材園作り』（東京書籍）
		『よいこの学習図鑑「どうぶつ」』（海文社）
		『理科学習クイズ』（ポプラ社）ほか
	朝倉貞子	練馬区立中村西小学校
		「学校園の花壇・園芸の実践家」
	著者	『子どもと一緒に楽しむなぞなぞ・学習クイズ』（黎明書房）
		『準備のいらない学習ゲーム』（黎明書房）ほか

本文レイアウト，図版・イラスト，装幀：アトリエa・wa

スクール・ガーデニング＆フィーディング（学校の栽培・飼育活動）

2001年7月10日　初版発行

編著者	町田槌男
発行者	武馬久仁裕
印　刷	株式会社　太洋社
製　本	株式会社　太洋社

発 行 所　　株式会社　黎明書房

460-0002　名古屋市中区丸の内3-6-27 EBSビル　☎052-962-3045
　　　　　振替・00880-1-59001　　　　　　　　FAX052-951-9065
101-0051　東京連絡所・千代田区神田神保町1-32-2 南部ビル302号
　　　　　　　　　　　　　　　　　　　　　　☎03-3268-3470

落丁本・乱丁本はお取替します。　　　　　　　ISBN4-654-01691-0

© T. Machida 2001, Printed in Japan